新疆财经大学基金资助项目

罗　彬／著

新闻传播人本责任研究

WUHAN UNIVERSITY PRESS
武汉大学出版社

图书在版编目(CIP)数据

新闻传播人本责任研究/罗彬著.—武汉：武汉大学出版社，2011.7
新闻学与传播学丛书
ISBN 978-7-307-08674-6

Ⅰ.新… Ⅱ.罗… Ⅲ.新闻学:传播学—研究 Ⅳ.G210

中国版本图书馆 CIP 数据核字(2011)第 065298 号

责任编辑:胡国民　　责任校对:刘　欣　　版式设计:马　佳

出版发行：武汉大学出版社　(430072　武昌　珞珈山)
(电子邮件：cbs22@whu.edu.cn　网址：www.wdp.com.cn)
印刷:湖北金海印务有限公司
开本:880×1230　1/32　印张:8.625　字数:143 千字　插页:2
版次:2011 年 7 月第 1 版　2011 年 7 月第 1 次印刷
ISBN 978-7-307-08674-6/G·1976　定价:24.00 元

目录

前　言

一、研究问题的提出及意义

新闻传播人文关怀研究是近年来我国新闻传播学界和业界关注的热点。注重人文关怀是人类在物质文明发展的基础上，追求自身和社会全面进步的必然趋势。新闻传播业界也从不知不觉到有意识地注重和追求人文关怀，并将其作为自己奉行的新的理念和准则。

传播与人类社会同时产生，经过传播，人们能够突破时空的限制，相互沟通，相互交流，传承历史与文化，保持社会协调并维系着社会的存在与发展。传播是人类社会存在的前提条件之一，传播学作为研究人类精神交往的一门学问，“研究的焦点始终是人以及人在社会信息系统中的主体活动”。① 新闻

① 郭庆光:《传播学教程》，中国人民大学出版社 1999 年版，第 12 页。

传播作为传播的一种，“新闻活动是反映人的活动、传递人的价值观念、沟通人的精神世界的文化活动”。① 人同样是新闻传播活动的中心，也是新闻传播活动的目的。因此，应该把人放在新闻传播学的首位或核心地位去研究，才能把新闻传播研究引向深处。长期以来，西方主流传播学经验学派在相对封闭的传播系统之内，用实证的方法研究传播效果，把重点放在传播内容对受众认知、态度、行为的改变上，把传播目的的实现看做是判断传播成功的标准。在传播经济学派看来，社会就是一个大的实验场，而人就是这个实验场里的一种工具、一种元素、一种实验的对象。但我们知道，传播作为一种交往手段，可以为善，也可以为恶。传播学作为人的学科不可能回避价值判断，在传播过程中应该加入人的因素，进行人性的追问。在新闻传播中，为了追求新闻真实，是否可以置当事人的隐私于不顾？在灾难报道中，是否可以将受难者的痛苦作为“卖点”？是否可以完全再现血腥画面？在典型报道中，是否可以为了政治宣传泯灭人性的正当需求？当面对一个鲜活的生命即将消失时，是出手相救还是冷静地拍摄？新闻传播作为传播的一种，传播什么，如何传播，为谁传播

① 童兵：《科学和人文的新闻观》，载《新闻大学》2001第2期。

应注入人文关怀，体现人文精神，新闻传播应置于人的价值背景来考察，而人文关怀的核心则是以人为本。

我国目前关于新闻传播人文关怀的研究主要是围绕新闻传播和人文关怀的关系和内涵，探讨在新闻报道中如何实施人文关怀，侧重于“应该怎么样”的思考。而要将人文关怀植入新闻从业者的脑海中，内化为他们能自觉秉持的职业理念，则需要对新闻传播人文关怀进行“为什么这样”的思考。

本书通过考察新闻传播与以人为本的关系及我国新闻业在现代社会转型过程中人文关怀精神的发育和存在状况及其流变过程，客观地呈现我国新闻传播中以人为本理念的形成及其追求的现实状况，从新闻传播活动的本质、时代特征、人的主体性发展及人的具体需要等入手分析，提出把新闻传播应置于人的价值背景来考察，把以人为本作为新闻传播重要价值观来考量，将以人为本上升为一种道德责任，即人本责任。这样的分析既有哲学渊源，又有现实依据。在此基础上进一步分析这种存在状况与我国的政治、经济、文化、社会心理等之间的关系，提出作为伦理原则和道德规范的人本价值应成为新闻传播活动首要的价值，人本责任是新闻传播的核心责任。新闻传播人本责任研究把对传播效果的研究上升到人的层次，研究新闻传播对社会中所有人的福利的影响，将传播效果定位为增进人类的幸福，促进所有人的全面发展。这一研究既有一定的理论意义，又可为新闻传播实践如何践行以人为本提供一定的指导。

二、研究背景

新闻传播与人文关怀内在的契合点都是以人为本、为人服务。人文关怀起源于 14 世纪到 16 世纪欧洲文艺复兴时期的“人文主义”，面对宗教对人性的摧残，人文主义者提出了关怀人、尊重人和以人为中心的思想，并使之成为一种进步的文化思潮。尽管这种思潮本质上是资产阶级的意识形态，是为新兴的资产阶级服务的，但它的核心是提倡对人的生存状况及历史境遇的关注，对人的尊严、人的主体地位、人的价值及对符合人性的生活条件的肯定和对人类的解放与自由的追求。严格来说，人文关怀不是一种理论，而是一种思维理念，一种行为准则，一种已被越来越多人认识和接受的精神追求，是在人文精神的指导下所采取的行动，同时也是人文精神在逻辑上的必然要求。人文关怀一方面提倡应该使社会中尽可能多的人的状况受到关注，并使生命得以尊重，权利得到满足，才能得到施展，潜力得到发挥，从而使自身得到自由和全面的发展。

另一方面追求使尽可能多的人有机会去认识自身、自然及社会，有意识地培养人们的人文精神，从而更好地为自身发展、国家乃至人类的福祉而奋斗。“人文精神是人性——人类对于真善美的永恒追求以及表现在这种追求中的自由本质的展现，这种追求表现着人类对于自己所处的外在自然和自己的内在自然的自觉超越，使人的感性生活具有日益丰富而高级的文化品位，从而把人与自然界区别开来；这种自觉超越同时又意味着人能够以自身的尺度去从事自由的创造性活动，不断地从精神的必然王国向自由王国飞跃。因此，人文精神本质上是一种自由的精神、自觉的精神、超越的精神。人文精神表现为一种既根源于人类的至情至性，又超越于实用理性之上；既体现着人类对于美好生活的追求，又与宗教的彼岸世界迥然有别的目的观和价值观。”① 人文精神作为一种人性的体现，是一个现代社会文明人所应当具备的人文素养和精神追求，同时也是人类社会发展的一种价值坐标，一个现代化社会发展成熟程度的重要标志。

我国有关人文精神研究始于20世纪80年代。从中华人民共和国成立至“文革”期间，人文精神被当做资产

① 许苏民：《〈人文精神论〉引言》，载《科学社会动态》2000年第10期。

阶级的毒瘤，当做资产阶级专有的意识形态，对它的讨论、研究被列为理论禁区。20 世纪 50 年代“双百”时期，文艺界有过关于“人情、人性”的讨论，但仅是昙花一现，很快销声匿迹了。改革开放以后，这个禁区被逐渐打破，在“解放思想，实事求是”的引领下，人们重拾人文关怀精神的话题，开始了人文精神的研究和探讨，并取得了一定的成果。梳理改革开放后关于人文精神的研究，从社会背景、研究主体和研究视角上看，大致经历了从伦理到人文再到人学的三次转向。首先是人文精神研究的伦理转向，大约从 1978 年开始。当时，国人还未完全从“文革”的阴霾中走出，为反思“文革”带来的人道主义苦难，我国理论界掀起了一场关于人道主义和异化问题的大讨论的热潮。只有资本主义才有人道，而社会主义就不讲人道吗？讲政治就不应该讲人道吗？大多数人认为不应再像过去那样把任何形式的人道主义都看做资产阶级的意识形态，而应在伦理和道德意义上，宣传和实行“社会主义人道主义”。人们在谴责“文革”之中非人道的现象的同时，认为不应把人性同政治直接挂钩。思想界掀起了一场反对阶级斗争扩大化，承认人在阶级性之外，在人与人之间、人与社会之间还存在着普通的人性、人情，应该提倡人道主义，主张在人与人之间建立起超越阶级的人文关怀关系，在这种关系中充分实现个体价值、实现人的全面发展，为实现个人价值正名的思潮，这种人文关怀要求已随着中国市场经济体系的建立而得到承认和满足。其次是人文精神研究的人文转向，这一转向发生在党的十四大前后。这一时期，市场经济的发展极大地满足了人们的物质需求，人们的物质欲望极度膨胀。在社会财富增长的同时，道德滑坡、精神空虚、信仰缺失、商品拜物观念也开始在中国社会各阶层的意识深处渗透，在这种状况下，人们开始反思市场化。市场经济与人文精神到底是什么关系？市场经济导致人文精神丧失，还是促进人文精神生长？当代中国需要提倡什么样的“人文精神”？在这场讨论中，人们对于什么是人文精神看法不一，对何谓“人文精神”虽无统一标准，但都提出了各自不同的见解。这是中国第一次明确提出“人文精神”、“人文关怀”的概念并展开讨论，对人文关怀的追求从此走上了一条自觉的道路。通过这次讨论，人们对人文精神有了新的认识，认为市场经济下人文关怀的主旨是确立生产的中心和目的，而非生产的手段，反对人成为物的奴隶、成为金钱的奴隶等。提出了要建立同市场经济相适应的“新的人文精神”，就是要求永远把人放在首位，在人与物的关系中，核心是提倡人有高于物的价值和尊严。最后是人文精神研究的人学转向，这一转向开始于社会主义市场经济体制初步建立之后。在我国，经过了20多年的改革开放，市场经济充分调动了人们的主动性、积极性和创造性，人的价值、人的潜能充分得以实现，人的主体性得以确认，经济社会得以发展和繁荣。在这样的背景下，对于人的研究也就日益显得必要，对人性的关注、对人的生存状态、生活环境的体察直接影响到和谐社会的构建。在21世纪初，党的十六届三中全会提出“以人为本，树立全面协调可持续的科学发展观，促进经济社会和人的全面发展”的思想。这一理论，其核心是以人为本，把人的生存和发展作为最高的价值目标。“以人为本”的人学转向是当今中国人文精神研究发展的一次飞跃。

随着思想界关于人文精神研究的不断深入，新闻传播作为社会文化传承的主阵地，在新时期也自觉走上了关注人的价值、生存，反映人的情感，促进人的自由全面发展的人文关怀之路。在新闻传播中注入人文关怀，是时代的需要，也是新闻媒体在市场经济中维系自身存在与发展的本质要求。人文关怀精神对当代新闻传播观念的渗透是历史的进步，也是新闻传播发展的历史必然。然而，观念对行为的约束具有随意性，而人文关怀则是受众内心永恒的需求。只有把具有随意性的观念转化为制度化的规则，内化为新闻传播者一种自觉秉持的责任，受众的需求才能够得到长久的、有效的满足。把以人为本作为新闻传播一种道德责任是人文关怀的内在要求和具体体现。

第一章　新闻传播活动与人本责任关系初探

新闻传播活动是人类社会特有的现象，新闻学说到底是人学。新闻的传者、受者都是人，其报道的信息也都是由人的活动所直接或间接引起的某种变动，离开了人的因素，新闻活动就失去了意义。“凡世界上所发生的新发现的与人类生存有关的事实与现象，都是新闻。”① 新闻的核心关注点是人，新闻因人而生动，人是新闻的理由，我们所做的一切都是为了人的成长和发展，新闻工作本身就是一种人道主义的事业。新闻传播起源于人类交往的需要，新闻传播的目的是为了人自身的生存和发展，所以，新闻传播的发展离不开对人的关注。新闻传播活动从产生起就在客观上体现了人类自身对“人文关怀”的内在要

---

① 萨空了：《科学的新闻学概论》，香港文化供应社 1946 年版，第 57 页。

求，在新闻传播活动中理应注入人文关怀，把以人为本作为新闻传播重要的价值观考量，将以人为本上升为一种道德责任，即人本责任。

第一节 “以人为本”思想的产生及本质内涵

“以人为本”思想是历史的产物，不管在西方还是在中国文化中，把“以人为本”作为核心的人文精神都具有极其深远的历史渊源。在不同历史时期、不同思想体系中，虽然人们对“以人为本”思想持有不同的看法、不同的理解，但有一点是相同的，那就是都竭力提倡尊重人、关心人，强调人的价值及人在世界的中心地位及其作用。

一、“以人为本”的思想渊源

（一）中国古代的民本思想

在中国古代历史上，“以人为本”思想主要体现为民本思想。以民为本是我国传统治国之道的核心，它要求统治者把民生问题作为管理国家、实施统治的关键，认为得民心者得天下。

我国古代的民本思想要追溯到殷末周初，那时候人们就从宗教观念中分离出“人德”的观念，当时的统治者就认识到民众力量之大、民心之可贵。为替周朝政权的合法性寻找理论依据，周公认为民心即天意，顺乎民心就是顺从天意，顺从了天意，国家才会安宁。到了春秋战国时期，民本思想得到进一步发展并形成了较为完善的思想体系。管仲在《霸言》中指出：“夫霸王之所始也，以人为本。本理则国固，本乱则国危。”① 从民众为君国生存的利益根本阐述了“固本”以“宁邦”的古代政治理论，并首次提出了以民为本的思想。孟子在阐述君民之间的关系时提出了著名的“民贵君轻”的思想，他在总结夏商周兴亡的历史时，又阐述了“政得其民”的思想，因此成为我国以民为本思想的集大成者。荀子在《荀子·王制》中提出了“民水君舟”的政治思想。此后这一思想进一步发展，汉代的贾谊提出了为政治国必须“以民为本”、“以民为命”、“以民为功”、“以民为力”的政治主张，此可谓贾谊民本思想之总纲。唐太宗李世民将民本思想贯彻到为政治国的实践之中，使唐朝出现了“贞观盛世”的繁荣局面。明清时期，民本思想继续发展，明朝的杨士奇在著述中阐述了人民在社会发展中的重要作用，

① 颜昌峣：《管子校释》，岳麓书社1996年版，第219页。

清初思想家黄宗羲认为历史的主体是人民而不是君主，从而将传统民本思想推向高潮。中国古代民本思想的要义概括起来就是：国家的政治主体是人民，君王施政必须顺乎民意，还利于民，应“乐以天下，利以天下”，同时负有“保民”、“养民”的义务，臣子应尊君之位而非尊君之身。

我国古代以民为本的思想认识到了民众在社会生活和国家政治中的重要地位，反映了古代一些进步的思想家和政治家在一定程度上对民众力量的一种认知，揭示了民心向背与封建王朝兴衰的基本规律，提倡重民、爱民、从民、信民，从而在客观上减轻了统治者对民众的剥削，保护了民众的部分利益，包含了一定的人文精神。但我们必须看到，传统的民本思想总是与忠君思想和封建专制相结合，本质上是统治阶级的政治思想，是统治者维护和巩固其统治的一种手段，其真正目的是维护和巩固统治阶级的统治地位，为了使民众永远做忠实的顺民，并不是真正为人民的利益谋福祉。正像毛泽东讲的那样，剥削阶级将“爱民”同爱牛差不多，其目的是用牛耕田，从牛身上挤奶。

（二）西方的人本主义思想

人本主义也称人文主义。在西方，“以人为本”思想可以追溯到古希腊时期。希腊智者普罗太戈拉说："人是万物的尺度，是存在者存在的尺度，也是不存在者不存在的尺度。"① 他认为，世界上的一切都是以人、人的环境、人的需要的变化为转移，人是这个世界上衡量一切事物的价值尺度，我们可以把这看成西方人本主义的最早宣言。在中世纪的欧洲，神学长期占据着整个社会意识形态的统治地位，严格地控制着人们的思想，人是神的奴仆，人的地位被神所淹没。这一时期，代表着新兴资产阶级利益的人文主义者针对中世纪神学以神为中心、贬低人的地位、蔑视人的世俗生活、鼓吹禁欲主义等观点，从人的"自然本性"出发，反对神性，用自然性对抗神性，提出人的本质不应从神的本质来了解，而应从人的自身来确定。提倡以世俗的人为中心，提倡人的高贵与尊严，宣扬个性的解放和自由平等；主张追求人的现世幸福，把现实的人作为一切的出发点和归宿，一切为了人，发扬人道主义精神。这是一次伟大的反封建的思想解放运动。这一时期的人本主义思潮本质上具有资产阶级的意识形态色彩，它试图在意识形态领域削弱教会和宗教神学的统治，力图从意识形态领域确立人的权威、世俗的权威和资产阶级的权

① 转引自周辅成：《西方伦理学名著选辑》（上卷），商务印书馆 1964 年版，第 593 页。

威，是新兴资产阶级为了维护本阶级的世俗利益，把人本主义作为其文化思想斗争的武器。但它发现了“人”，开辟了关注人、尊重人、对人施以人道主义关怀的先河，并成为以后各种不同形式的人文主义形成和发展的源泉。在17~18世纪，反封建的启蒙思想家和政治家们继承了文艺复兴时期人文主义者的方法，从人和动物的区别来理解人。和文艺复兴时期人文主义者不同的是，他们反对把人性理解为自然性，认为只有理性才是人之为人的特性，认为人的理性就是自由、平等、正义和爱。他们高举理性的大旗，进一步发扬文艺复兴的人本主义传统，将它提升为以自由、平等、民主、人权为核心的资产阶级革命的政治纲领（资产阶级的人道主义）。休谟和18世纪法国唯物主义者进一步发展了这种以理性和人道主义为内核的人本主义，后经过康德和费尔巴哈的锤炼，形成了较为完整的近代形态的人本主义思想。康德很重视人的生存和人的价值，强调人是目的而不是手段，提出要人为自然立法。费尔巴哈虽对人作了抽象的理解，把人的本质理解为生物学上的类。但他推崇人，主张从完整的“人本身”来理解人，认为只有“人本身”才能被置于上帝原来所处的中心地位。他的思想代表了那个时代人的自我意识的觉醒。尤其是费尔巴哈对宗教的批判，揭示了宗教的本质是人的本质自我异化，这样就把人从宗教那里夺了回来，并且确立了人的主体地位，使人堂堂正正地站立起来，为维护自己的尊严和争取自己的权益去斗争。进入现代社会后，面对着资本主义科技理性过度膨胀而造成的人高度异化的现象日益严重，人本主义思想在形态上发生了很大变化，人本主义开始采取了非理性主义形态。从19世纪中叶开始，以叔本华和克尔凯郭尔为代表的一些现代西方人本主义者们在批判科学理性的基础上，强调非理性因素的重要，开始向传统的理性主义公开挑战，认为人的肉体、本能、直觉、意志、情感等非理性的直接生存状态才是人的真正本质，强调人的个体性，倡导人和人的交往及全面性回归。“20世纪后在德、法等国出现的一批人本主义思想家继承了先辈们的思想，并在资本主义社会人的异化急剧加深的背景下，把人本主义思潮进一步推向系统化和完整化。他们与其前辈不同，不再简单地拒斥科学和理性，而是企图将理性和非理性结合起来，给人以更大的生存和发展空间。”①

西方人本主义思想从人的本性出发，高扬人的价值、权利、尊严和伟大，把人从神的桎梏中解救出来；主张提

① 张奎良：《“以人为本”的哲学意义》，载《哲学研究》2004年第5期。

高人的地位，追求人的自由、平等；推崇人的理性权威，把人提到高于一切的地位；主张用人性反对神性、用人权反对神权，突出人的能动创造性；强调应满足人的欲望和需要，使人能自由发展自己的个性，造就多才多艺、全知全能的人。这些观念打破了当时神学思想的桎梏，唤醒了人类的主体意识，对人的解放和发展发挥了重要的作用，同时也对资本主义的经济发展和资产阶级民主思想的发展和传播产生了重大的影响。但是资产阶级的人本思想受阶级和思维方式的局限，在本质上是一种建立在唯心主义或自然唯物主义的基础上的、离开人的社会性、历史性去探寻人的本性、人的本质，把人更多地看做类存在的抽象人性论。同时，资本主义工业化的发展使人强烈地依附于物，使人成为物的奴隶，并不断在蚀空人的内心世界和精神生活。所以，西方的人本主义实际上并不是真正以人为本，更不会有人的全面发展。人文主义的含义在各个历史时期虽然有所不同，但有一点是共同的，那就是它们都不同程度地包含“以人为本”的合理思想，强调人的价值、尊严、权利，强调对人的关怀等。同时他们的思想在本质上又都属于唯心主义的社会历史观和资本主义的价值观，都没有超越资本主义意识形态的范畴，因而也不可能都达到对人的科学认识。

（三）马克思主义对西方以人为本思想的继承与超越

近代西方人本主义者囿于历史的局限性，把人的存在仅仅理解为类的存在，把人理解为抽象的、生物学意义上的“人”，从而着重强调的是人的共同性、普遍性，忽视的是人的社会差异性和个性差异性。他们或者强调人的感性欲望的实现，或者强调人的理性欲望的满足，片面地强调人的主体作用；不能全面地看到社会历史中一些客观制约因素，往往从“人”出发去研究人所处的时代，去说明社会历史，用预设的人性来推演历史的发展，因而不能正确地判断人类社会的历史发展规律，实际上是一种唯心主义历史观，具有相当的空幻性和欺骗性。

马克思在批判继承与总结前人有关思想的基础上，在逻辑上首先对人的存在与本质作出了科学规定。马克思把人的基本存在形态分为三种：人的类存在、人的社会存在、人的个体存在。人在逻辑上虽然有这样一种划分，但任何一个人都是作为三者的统一体而存在的。也就是说，作为一个人，既是类意义上的人，又是社会群体意义上的人，还是个体意义上的人。这三个层面的划分分别对应三层关系，即人与自然的关系、人与社会的关系、人与人的关系。首先，人的类存在是在和动物相区别的意义上来界定的。这种类存在，在认识论上具有极其重要的类价值：即任何人作为“人”类的一分子，不管他们在社会地位、年龄、身份、职业、民族和肤色上有多大的差异，他们每个人都具有同等的作为人的价值，应该享有同等的权利，得到同等的尊重。其次，人的社会存在是从人的社会本性来界定的。在马克思看来，人的本质属性是社会性，人是社会的人，社会是人的社会，人最现实的存在就是人的群体性的存在，即社会存在。正因为这样，马克思说：“人是最名副其实的政治动物，不仅是一种合群的动物，而且是只有在社会中才能独立的动物。”① 人的社会存在告诉我们，为了生存和发展，人必须在特定的社会关系中与他人发生一定的交往，这种交往包括物质交往和精神交往，通过交往体现特定的社会关系并受其制约和规定。人作为社会意义的存在，决定了人的生存和发展必然随着社会的发展而发展，社会的发展也必须以人的存在为前提和条件。最后，人的个体存在是从人的个体差异性角度来界定的。正如世界上没有两片完全相同的树叶一样，世界上也不存在完全相同的两个人，任何人都具有不可替代的自我独特性、不可重复性、唯一性，而这些恰恰是一个人得以

① 《马克思恩格斯选集》第2卷，人民出版社1995年版，第2页。

存在的根据和理由。这些特性包括人的个性、潜力和能力。作为个体的人，要在社会中安身立命，就必须将其个性、自身潜能充分发挥出来，从而实现个人的自我价值，而社会的发展也依赖于每个个体潜能的实现，所以马克思指出："任何人的职责、使命、任务就是全面地发展自己的一切能力。"① 但在人类社会发展的一定历史阶段，这些独特性往往被社会所淹没。对于这一点，马克思也有所提醒："首先应当避免重新把'社会'当作抽象的东西同个人对立起来。"② 因此，人的存在还体现为个人的存在。个人是作为类的一员，是社会的人，是人的类存在与社会存在的承担者；社会是由个人组成的社会，是人的类特性和个人的潜能的实现形式；类蕴寓于社会的人和个体的人之中。这就是人的三种存在形态的辩证关系。根据马克思关于人的三种存在形态理论，以人为本中的"人"，就应该包括：类存在意义上的一切人、社会群体意义上的人、具有独立人格与个性的个人。从国家政治意识形态的角度来看，以人为本的"人"，主要指一切中国特色社会主义事业的建设者和劳动者，主要是最广大的人民群众。

---

① 《马克思恩格斯全集》第3卷，人民出版社1960年版，第330页。
② 《马克思恩格斯全集》第42卷，人民出版社1979年版，第122页。

与人的三种存在形态相一致，马克思认为人的本质也是类本质、社会本质和个体本质的有机统一。人的类本质就是人作为一个类区别于其他动物的内在根据和根本特性，即劳动实践。人与动物最大的区别就是人是以实践的方式存在，人是在实践中创造出了人之为人的一切本质特征。所以马克思说："一个种的全部特性、种的类特性就在于生命活动的性质，而人的类特性恰恰就是自由的自觉的活动。"① 这种自由自觉的活动，指的就是劳动实践。劳动是人所独具的最根本的规定性，把劳动实践规定为人的类本质，这就抓住了人之为人的根本。我们在讲以人为本时，就要抓住人的劳动实践本质，将人置于劳动实践中来考量。劳动把人和动物区别开来，那么如何区别不同社会的人呢？这就要从人的社会本质入手。人是社会的存在物，人最重要、最根本的属性是其社会性。社会是人的社会，人是社会的人，不能脱离人来抽象地谈论社会，也不能抛开社会来谈论人。在马克思看来，人的自由自觉活动只能把人和动物从类上区别开来，但它只是使人成其为人的依据。但现实社会中的人是有差别的，只凭劳动实践活动并不能把不同社会中的人区别开来，也不可以作为人成

① 《马克思恩格斯全集》第42卷，人民出版社1979年版，第96页。

为社会的人的依据。在人类最基本的劳动实践活动中，人们之间首先形成的是生产关系。在此基础上，又派生出其他社会关系，如政治关系、法律关系等。人们在社会关系中所处的不同地位，使他们产生了不同的利益、思想、情感，造成了个人或群体的差异。所以马克思认为，不同的社会关系，是把社会中的不同个人或群体区别开来的根据。因此，马克思认为，“人的本质不是单个人所固有的抽象物，在其现实性上，它是一切社会关系的总和”，①“这些社会关系实际上决定着一个人能够发展到什么程度”。② 由于生产关系是最基本的社会关系，而生产关系有其自身的发展规律，这就要求我们在讲“以人为本”时，要把人置于特定的社会关系中来考察，不能脱离所处社会历史发展的特定阶段，更不能违背人类社会发展的规律。人的类本质是区分人和动物的依据，人的社会本质是区分不同社会中人的内在根据。那么如何区分同一社会中不同的人呢？这就牵扯到人的个体本质。人作为具有个性的存在物，其本质就是自我独特性。作为一个具体的个人，这个人之所以能同其他人区别开来，是因为其在空间上具有唯一性，在时间上具有不可重复性，且其存在价值

① 《马克思恩格斯选集》第1卷，人民出版社1995年版，第60页。
② 《马克思恩格斯全集》第3卷，人民出版社1960年版，第295页。

具有不可代替性。因此，在这个世界上，任何个人都是独一无二的，没有完全相同的两个人。任何个人存在的价值就在于个体本质，即自我独特性。因此，“以人为本”还要求必须尊重每个个体，不能将个人溶解在他人和社会中，社会的发展和完善是以个体的价值实现为前提的。综上所述，我们在考察“以人为本”时，既不能脱离人的实践活动，也不能脱离特定的社会关系，当然更不能忽视每个人的个体存在。

二、“以人为本”的本质内涵

“以人为本”就是以人为根本，以人为中心。“人”这个根本、中心是什么？对“人”的不同设定，对“人”、“本”的本质的不同理解，会导致不同的甚至截然对立的人本观。如何理解“以人为本”，关键是如何理解“人”。只有把握了人的真正本质，才能真正把握“以人为本”的“本”和“根”。

（一）“以人为本”中的“人”

人的本质不是由任何外在的先验的力量规定的，相反是由自己内在的规定性决定的。马克思对人的本质作了科学的、全面的规定，即人的本质是由其类本质、社会本质和个体本质共同构成的，是这三种本质的统一。这是从人和动物的区别、不同社会群体的人之间的区别、个人和个人的区别这三种意义上来理解人的本质，从而把人看做类意义上、社会意义上、个体意义上的人的统一，但马克思更强调人的社会性。人首先是作为具有独立人格和个性的个体存在，世界上任何个人都有自己不可被他人和社会取代的个体独特性及价值。这种独特性或唯一性正是每个个体得以存在和发展的内在根据和理由。个人的独特性最基本的就是他的个性、潜力和能力。因而，个人的存在和发展就在于将其个性、潜能和能力充分发挥，实现个人的自我价值。这就意味着社会应尽其所能为每个个体提供施展其自身潜能的外部环境，合理尊重每个个体的个性、创造性，给每个个体以人性化的关注，对人以外的事物也应注入人性化的精神和理念，给予其人性化思考和关怀。同时，要求关注人们之间作为人的共同性和个性的差异性。其次，作为个体的人，只有通过与他人的交往，与他人共同结成社会、共同生活，通过与他人的交往获得各种情感和发展自身潜能，从而才成为真正意义上的人。人是社会中的人，人的活动构成了各种社会关系，人的存在和发展是在一定社会关系中实现的，只有将人置于各种社会关系中，才能真正把握人的本质。这就要求我们在考察人时，不能将其孤立、脱离实际社会环境，要从社会关系、社会制度来考量人的一些实际问题。人同时还是作为区别于动物的类存在，其根本原因在于人的生命活动方式，即劳动实践，人是基于实践而对动物的超越。人的有意识、有目的的实践活动创造了人的类生活，人在实践中创造出了人之为人的一切本质特征，也即创造了人的社会存在形式。人具有类意识，人类是“一个种的整体”，不同特性的人，不同社会群体的人，都意识到自己是人，其他人也是人，自己与他人都同样具有共同的人的本性。从人的类本质可以引申出人与生俱来的最基本的内在特性，即平等性。任何人在作为人的意义上都人格平等，价值相同，人人都应享有做人的尊严和价值，都有实现其人性的自由。人的类意识其价值在于谴责非人性的社会，维护所有人的尊严。人的类意识、社会意识、个人意识构成一个统一的整体，构成完整的人性。

因此，“以人为本”中的“人”，是指社会全体成员，是“个人、群众和类的统一”，是“所有个体、群体和类按一定结构和方式集合而成的复杂的有机系统”。[①] 包括具有独立人格和个性的个人、社会群体意义上的人和类存

① 陈志尚：《准确把握以人为本的科学内涵》，载《北京大学学报》（哲学社会科学版）2005年第2期。

在意义上的一切人。

(二)“以人为本”中的“本”

由于人的本质规定的丰富性,“以人为本”中的“本”同样也具有多方面的含义。应从人是主体、人是尺度和人是目的三个层面来理解“以人为本”中的“本”。

第一,它是一种对人在社会历史发展中的主体地位与主体作用的肯定。人类社会发展的历史,在一定意义上说,就是人的主体地位和作用不断显现的历史,是人的劳动实践创造了受客观社会发展规律支配的现实的社会。有生命的、具有劳动实践能力的个人的存在是人类历史的第一个前提,因而人是社会历史的主体。在人的世界中,人不是某个凌驾于世界之上的超人主宰的附庸,也不是超人主宰用来实现自己目的的工具,人本身就是人的世界的根本、主体,人就是人的最高本质,人本身就是自己人格的主体。正因为人是社会历史发展的主体,也是自己作为一个独立个体的主体,所以人们在思维中就应把人放在本位来把握。

第二,它把人本身视为最高价值从而强调善待一切人,爱一切人,把人当做人来看。人本身具有最高价值,一方面是因为“在所有的东西中间,人最需要的东西乃是人”。① 人对人之所以具有最高价值，是因为任何人的一切利益，都是人类社会给予的，而人类社会又不过是每个个体之和，任何人的利益都是通过与他人的交往而获得的。因而，每个人对于每个人具有最高价值，人类社会对于每个人具有最高效用、最高价值。另一方面，因为人是目的，因而也就是万物的价值尺度，是评价人类社会及其历史发展等万事万物的价值标准，因此超越于一切事物的价值之上。这就要求我们在分析、思考和解决一切问题时，要确立起人（或人性化）的尺度，本着人的价值和需求来决策和行动，人是价值论意义上之本。

第三，它把人看做目的，认为人本身是社会及其发展等一切事物的目的。强调人在社会历史发展中的目的地位。康德提出了“人本身就是目的”，“人，实则一切有理性者，所以存在，是由于自身是个目的，并不是只供这个或那个意志任意利用的工具。因此，无论人的行为是对自己的或者是对其他有理性者的，在他的一切行为上，总是要把人认为是目的”。② 人是目的，人的自身潜能的实现和全面发展是人类社会发展的方向。

---

① 周辅成：《西方伦理学名著选辑》（下卷），商务印书馆 1964 年版，第 89 页。

② 转引自罗国杰：《人道主义思想论库》，华夏出版社 1993 年版，第 449 页。

（三）“以人为本”的本质内涵

我们很难给“以人为本”下一个确切的定义，国内外学者对此也是仁智互见、莫衷一是。关于“以人为本”的观点虽然不尽相同，但对比各种观点，它们都有一个共同点，就是它们都直接或间接地承认“以人为本”包括以下含义：尊重人的生命、人的价值；重视人的权利；强调人的主体本位，把人作为一切活动的起点，作为考察一切事物的中心的价值取向，以人为中心对社会进行全方位的改造；提倡为每个人创造平等发展的权利、机会和社会环境。具体指如下几个方面：

第一，对生命的尊重和敬畏。对于人来说，世间万物没有什么比生命更重要，生命对于人来说是最宝贵、最有价值的东西，这是因为生命能满足人最重要的最根本的最大的需要、欲望和目的。人活着就是最大的幸福。作为类存在的每一个人的生命都具有最高价值，生命没有高低贵贱之分。因此，社会应提供让所有人都能通过自己的劳动获得维持生存所必需的生活资料的机会，这就是对人的生命最大的尊重。

第二，对人的人格、人性和基本权利的尊重。“每个人在他或她身上都是有价值的——我们仍用文艺复兴时期的话，叫做人的尊严——其他一切价值的根源和人权的根源就是对此的尊重。”① 每个人，不分年龄、性别、职业、美丑、贫富、贵贱，都是人，生来就具有做人的内在尊严，也都有自己的意识、感情、理性，都有自己的潜能，都有自己独特的个性，而这些正是每个人得以存在的根据。每个人都要尊重自己和他人的人格，更要尊重人性，在任何情况下都应把人当人看。对人格的尊重具体体现在对人的各项基本权利的尊重上，如生命权、隐私权、肖像权、知情权等。每个人在社会中享有平等的权利，没有人拥有任何所谓的特权，从而凌驾于他人之上。

第三，社会应积极创造能充分发挥人的潜能的社会环境，不断促进人的全面发展，社会发展成果惠及全体人民。我们知道，人是一种社会存在，社会也因人的存在和发展来维系。人的创造性劳动离不开社会条件，同时也受社会环境的制约。以人为本意味着社会要为每个人提供平等的参与社会经济活动的机会，充分调动每个人的创造积极性，使每个人在为社会创造财富的同时获得合理的报酬，让全体人民共同享有社会发展的成果，每个人能够掌握自己的命运和决定自己的发展方向。

① ［英］阿伦·布洛克：《西方人本主义传统》，董乐山译，生活·读书·新知三联书店1997年版，第234页。

第四，注重社会公正，不断实现人的全面发展、平等发展、和谐发展。以人为本强调每个社会成员都应享有权利的平等、分配的合理、机会的均等和司法的正义，不要因地域、经济、文化的原因受排挤。社会财富不应聚集在少数人手里，应公平分配给每个社会成员，人作为一种类存在，是“一个整体”，只有不断满足这个整体中所有成员的物质需要，这个整体才会和谐发展。所以，社会更应保护弱势群体的正当权益，满足他们的基本需求，尊重他们的独立人格和创造个性。

（四）“以人为本”是对“人类中心主义”的批判与超越

近代以来，随着以人对自然全面控制与利用为标志的现代生活方式不断发展，工业化所导致的环境问题，如环境污染、气温升高、水源枯竭等，严重威胁到了人类的生存与发展。人与自然不和谐的严峻现实促使人们开始反思人类的现代化进程，反思所谓的“人类中心主义”。传统的“人类中心主义”视人为宇宙的中心，人是宇宙中一切事物的目的，人是价值的唯一主体，自然的价值是以人的需要为支撑的。在人与自然的关系中，人处于主要地位，人类实践活动的目的就是为了自身的利益，人的利益高于世界万物的利益。为了人的利益，可以不顾其他生命种类的权利。在这种思想的引导下，一些发达的工业国家和后发展国家为了经济发展需要，常常无视自然的内在价值和自身规律，过度开发资源，肆意破坏自然，使人类面临着前所未有的生态环境日益恶化的挑战。

其实，这种“人类中心主义”是一种非常片面的人文主义观念，是一种狭隘的、短视的，只顾现在、不顾将来的人类中心观。在这种观念的支配下，人类可以没有节制地征服和掠夺自然，破坏自然生态系统，也就从根本上损害了人类赖以生存的自然前提，其实是既不科学，更不“人文”。以人为本从全人类、全球性的角度提出，要合理地开发自然，保持人与自然的和谐，确保不以牺牲后人利益为代价来满足当代人的需求，倡导与实现代际“主体”的公平。

第二节　新闻传播活动的本质——人的活动

美国社会学家库利在《社会组织》书中给“传播”下的定义是：“传播指的是人与人关系赖以成立和发展的机制——包括一切精神象征及其在空间上得到传递、在时间上得到保存的手段。”① 库利的这一定义突出了传播的

① 转引自郭庆光：《传播学教程》，中国人民大学出版社1999年版，第2页。

三种特性：（1）社会性，传播是在一定的社会关系中进行的，是人与人之间关系的建立和发展，是不同主体间的沟通和连接；（2）主体性，传播是通过社会的主体——人的精神交往来实现的，传播的内容是人类的“精神”；（3）物质性，人类的精神交往通过精神象征在时间和空间中的传递得以沟通。库利给“传播”下的定义突出了传播活动的本质，即传播的本质就是人类的精神交往活动。新闻传播作为传播的一种，“是现代精神交往的最常见形态，已经构成了人们精神生活的固有部分”。[①] 作为信息交流的新闻传播活动，在本质上是人与人之间，或主体与主体之间通过一定的物质载体进行的精神交流活动，具有主体性、社会性、物质性，而人类的一切实践活动都是主体性、社会性、物质性的统一，所以新闻传播活动的本质是人的活动。

一、新闻传播活动概念的界定

新闻传播活动是人类社会涉及面最广、传递和扩散最快、影响最深远的活动之一。我们通常讲的新闻活动实际就是指新闻传播活动。新闻传播活动是指人们之间

① 转引自陈力丹：《精神交往论》，中国人民大学出版社 2008 年版，第 219 页。

或不同主体之间为获取新情况、交流新信息而进行的社会传播活动，其本质是人类的精神交往活动。“人们之间进行”，这首先表示新闻传播并不像通常意义上所讲的只指报纸、广播、电视等大众新闻传播媒介出现以后的传播活动或者仅仅是这些媒介所从事的活动，它包括在整个人类历史长河中，人们在不同层次，以各种不同方式进行的获取新情况、新信息的一切活动。就新闻传播历史发展来看，随着传播技术的发展，传播工具的不断改进和更替，新闻传播活动已经从主要是个体间交流的活动演变为以大众传播为主要方式的活动。在现代社会，大众新闻传播成为新闻传播的主要渠道。但不能说其他传播方式就不存在了，其他方式的新闻传播活动并没有因大众传播活动的兴起、盛行并占主导地位而消亡，它们依然在发挥不可忽视的作用，如人际新闻传播、群体新闻传播等。本论文仅将大众新闻传播作为研究对象，不包括其他新闻传播方式。大众新闻传播是指人们之间或主体间通过报纸、广播、电视、网络等大众传播工具进行的新闻传播活动，它是由专业的传播者构成的媒介组织向大范围的受众传递大批量的新闻信息的过程。

二、新闻传播活动的主体性

主体性指活动主体对客体的作用过程中所表现出来的自觉性、自主性、能动性、创造性和目的性。马克思曾经指出“主体是人，客体是自然”，① 即在现实世界中，只有人才能成为主体，主体性是人之为人的重要属性。“新闻传播活动是人与人之间或主体与主体之间的以新闻信息为内容的交往互动过程，是一种‘我（主体）—你（主体）’模式的信息交流方法。”② 新闻传播活动的主体性首先表现在新闻传播活动是人类在自发自觉中逐步形成的，它根源于人性的内在需要，其目的是为了与他人和社会群体进行信息交流，满足人类生存发展中的各种信息需求。其次，新闻传播活动的主体性表现在新闻传播活动主体在对新闻传播内容的能动性选择上，即活动主体对所要传播的新闻信息和接受的新闻信息是具有自主选择性的。新闻传播的内容是活动主体根据自身最合适的目的来选择客体的多种必然性中最合目的性的那种，作为自己实际活动的依据，以便做出最优的决断。也就是说，新闻报道的

① 《马克思恩格斯选集》第2卷，人民出版社1972年版，第88页。

② 杨保军：《新闻活动论》，中国人民大学出版社2006年版，第55页。

事实对象是有限的，并不是所有的事实都会纳入传播者的报道范围，传播主体是根据一定的价值标准进行选择性的报道。同样，新闻收受主体对新闻的接受，从来就不是一种完全被动的接受，而是一种具有选择性的、情感参与的接受，并以其接受倾向反作用于传者。最后，新闻传播活动的主体性还突出地表现在新闻传播是一项具有创造性的精神交往活动。创造性通常最能显示出人的现实的自由自觉性，最能体现人的主体性。新闻传播是一个从新闻事实经由传者的选择、加工而外化为新闻作品，最终到达受众的过程。新闻传播的内容不是对新闻事实的简单复制，而是对选定的具有新闻价值的事实信息进行加工、创造，最终以新闻作品的形式呈现给受众。新闻作品生产是一项复杂的精神劳动，记者前期的线索发现、调查采访、捕捉新闻点等环节不仅凝聚着记者、编辑进行新闻价值判断的创造性的思维活动，而且在后期的主题思想的提炼、文本的建构、表达方式的甄别等环节，同样凝聚着记者、编辑为把信息整合到能争取最大化传播效果而付出的创造性劳动。所以，新闻作品中渗透着记者编辑的新闻敏感、政策理论水平、知识积累、语言表达能力等综合素养，是记者编辑创造性劳动的结果。

在新闻传播活动中，新闻传播主体的主体意识的强弱，主体性发挥得如何，直接决定着新闻作品的质量，并在很大程度上影响着新闻传播活动的成败。新闻传播主体必须具备较强的主体意识，更好地发挥主体性，这不仅是作为哲学意义上主体的本质规定性决定的，也是新闻工作者作为一种特定的社会角色和其特殊职业的基本要求。

三、新闻传播活动的社会性

人类传播是在一定的社会关系中进行的，是一定社会关系的体现，同时也受一定社会关系的制约。从传播的发生机制来看，传播是一种双向的社会互动行为，总是涉及两个或两个以上的人类主体，人们通过传播活动来实现自己的目的和利益。新闻传播活动作为人类信息交流的一种，首先它是社会活动，是人们之间的一种社会交往活动。“新闻活动是群体活动，历来是在社会全体生活中进行的。”① 人类社会是新闻活动产生的基床，新闻活动的内容也正是社会生活的反映。②

新闻传播活动的社会性首先表现在新闻传播活动是在不同主体之间进行的，完整的新闻传播活动既离不开

① 刘建明：《宏观新闻学》，中国人民大学出版社 1991 年版，第 18 页。

② 刘建明：《宏观新闻学》，中国人民大学出版社 1991 年版，第 18 页。

传者的传，更依赖于受者的受，是在传受之间的互动过程中完成的。其次，新闻传播活动的社会性表现在新闻传播活动是在一定的社会关系中进行的。社会关系是人们在社会活动中所构成的各种关系的总和，包括经济关系、政治关系、法律关系、伦理道德关系等。新闻传播活动既是对社会关系的反映，同时又受既定社会关系的制约。最后，新闻传播活动的社会性还表现在新闻传播活动是一项社会性的公共活动，具有社会公共领域的活动性质，新闻信息的传播与收受不仅是社会成员的个人行为，同时也是一种公共行为，涉及整个社会或者一定社会范围的公共利益。

四、新闻传播活动的物质性

传播是人的实践活动，传播的本质就是人类的精神交往活动。人并不是一开始就具有纯粹的精神交往意识，人类的精神交往最初只是物质活动的直接产物。① “物质生产劳动既然创造了人本身，那么作为人的重要属性的精神活动也不外乎是物质生产劳动的产物。”② 但随着人类物

① 陈力丹：《精神交往论，马克思恩格斯的传播观》，中国人民大学出版社 2008 年版，第 9 页。

② 郭庆光：《传播学教程》，中国人民大学出版社 1999 年版，第 16 页。

质生产水平的不断提高，物质生产和精神生产逐渐分离，精神交往获得了独立。之后，精神交往又渗透到物质生产活动中，使物质活动不可避免地包含着精神交往。从这个视角来考察人类社会的新闻传播活动，我们可以看到，新闻传播活动的物质性首先表现在新闻信息的生产和传播是建立在人类物质生产和物质交往的基础之上的，新闻信息的生产和传播起源于人类的物质生产和物质交往的需要，人类社会的物质生产力发展水平和物质交往程度影响并制约着精神生产和精神交往的发展。物质生产为精神生产提供资源、工具等物质手段和物质条件。物质生产满足了人的生存需要，保证了人类自身的再生产，为精神生产提供了生产者和用于精神生产的闲暇时间，同时物质生产活动还为精神生产提供了精神探索的问题和对象。

其次，新闻传播活动的物质性表现在精神生产和精神交往关系反映着特定社会物质生产和物质交往的关系。人们在精神生产和精神交往中的地位和作用是他们在物质生产和物质交往中的地位和作用的体现。最后，新闻传播活动的物质性表现在新闻传播的信息在时间和空间上的可流动性。新闻传播信息在时间和空间的流动和变化，不因为信息不能脱离时空而存在，具有时间的储存性和空间的传播性。

五、新闻传播活动的本质

人类是能动的生命存在。人类的活动大致可以分为物质活动和精神活动。新闻传播活动是相伴人类而生的人类活动之一，它与人类同生，与一般的传播活动同步。人类的一切活动都是主体性、社会性和物质性的统一。人具有自主思维意识和能动创造力，人通过自己有计划、有目的的实践活动改变着这个世界，因而具有主体性；人类的劳动实践活动不是孤立的，而是在一定的社会关系中进行的，因而具有社会性；人类的劳动实践活动利用物质工具作用于自然界，获得人类生存所需的物质结果，因而具有物质性；新闻传播活动同样具有主体性、社会性和物质性。新闻传播作为人类的精神交往活动，“是以符号和精神象征为媒介的人与人之间观念、思维、情感等精神内容的交往”。① 人是新闻传播活动的主体、中心。人在传播活动中表现为人，正如施拉姆所说，“我们的传播行为证明我们完全是人”。② 新闻传播活动的主体性凸显了人在

① 郭庆光：《传播学教程》，中国人民大学出版社 1999 年版，第 13 页。

② ［美］威尔伯·施拉姆、威廉·波特：《传播学概论》，陈亮等译，新华出版社 1984 年版，第 39 页。

新闻传播活动中的主体作用——人是新闻传播活动的起点和归宿。新闻传播活动的社会性则强调了新闻传播活动是人们之间的一种社会交往活动，是人与人关系赖以成立和发展的机制，是人类社会生活的本体性组成部分，是所有人生命、生活中不可缺少的一部分。人离开信息交流，人类世界将失去生气，变得一片死寂。新闻传播活动的物质性则揭示了作为精神活动的新闻传播的物质基础及物质条件对新闻传播水平的制约。

新闻传播活动的主体性、社会性和物质性证明新闻传播活动是体现人的本质的活动，新闻传播活动本质上是人的活动。

第三节　新闻传播活动的目的——满足人的需要

生存与发展是人类交流即新闻传播行为发生的本质动因。新闻传播是伴随着人类生存发展需要而产生的，其根源和本质是人文的。传播是生命的需要，是不可避免的必然性存在。正如施拉姆所说："我们是传播的动物，传播渗透到我们所做的一切事物中，它是形成人类的材料，它是流经人类全部历史的水流，不断延伸我们的感觉和我们的信息渠道。”① 新闻传播活动产生于人的需要，渗透在人的一切活动中，其目的在于服务人的交往，满足人的需要。

一、新闻传播活动的产生

自有人类以来，精神交往活动就与人们的生产和生活如影随形，成为人类生命存在的一部分。人类社会一诞生，人就结群而居，互相交往，有交往就得有各种信息的交流与传播。人类社会最初更多的是物质交往，人一开始并不具有纯粹的精神交往意识。在早期及其狭隘的生产和生活中，精神与物质往往交织在一起，甚至互为彼此、混沌不清。“思想、观念、意识的生产最初是直接与人们的物质活动，与人们的物质交往，与现实生活的语言交织在一起的。观念、思维、人们的精神交往在这里还是人们物质关系的直接产物。”② 随着劳动的发展，人类生产能力的提高，物质劳动与精神劳动逐渐分离，人们的精神交往才开始不再表现为物质活动的直接产物，人们在物质以外构造着各种精神交往的独立形式，新闻传播遂慢慢得以提

① ［美］威尔伯·施拉姆、威廉·波特：《传播学概论》，陈亮等译，新华出版社 1984 年版，第 20 页。

② 《马克思恩格斯全集》第 3 卷，人民出版社 1960 年版，第 29 页。

高和发展。这种发展主要表现在两个方面：

第一，人类自身的传播能力逐渐得到提高。这主要表现在：一是人类创造传播符号的能力不断发展，由当初简单的手势、体态到语言、图像、文字传播。二是传播媒介不断发展。人们先是利用自己的身体器官比如体态、嘴巴作为媒介进行传播，随着人类生产实践水平的不断提高，然后就如萨空了所说的，生产工具与传播工具的合二为一到一分为二。“在史前社会中，人类用骨、用石、用铜作生产的工具时，也就以同样的东西，来作报道消息提供意见的工具。”① “以后生产工具有了更进步的发展，封建社会形成，生产工具与报道消息提供意见的工具也逐渐分开。”② 传播符号和传播工具的演变反映出人类的传播能力逐渐发展的过程。

第二，人类对传播的内在需要不断强化和多样化。随着生产力的发展，生产实践活动的内容也不断丰富，人们对“交往”提出了更多的要求，即交往不再仅是生存的需要，而是逐渐发展为政治、经济、文化、精神等多种需要。

---

① 萨空了：《科学的新闻学概论》，香港文化供应社 1946 年版，第 4 页。

② 萨空了：《科学的新闻学概论》，香港文化供应社 1946 年版，第 5 页。

因此，新闻传播是应社会物质生产劳动的需要，满足人类的生存和发展需要而产生、发展的。“需要本身必然要推动人们参与社会生活中的各种活动，成为个人、组织与集团乃至整个社会的内在动力。”① 人先有生命需要，进而有社会需要、精神交往需要，正是这些需要，使人表现出不同的生命存在方式、延续方式。新闻传播活动作为人类活动的一种，它的动力根源来自人的客观需要。因此，从宏观层面上讲，新闻传播是人类生命、生存、发展需要的产物。

二、新闻传播的功能

功能就是作用，新闻传播的功能就是指新闻传播在社会中的作用。从不同角度、不同出发点考察新闻传播活动，其功能有多种，如环境监测功能、教化引导功能、传播知识功能、娱乐功能等。但其最基本的功能则是信息传播功能，其他功能都是延伸功能。

（一）基本功能

新闻传播作为一种新闻事实信息再现的活动，其最基

① 郑杭生：《社会学概论》，中国人民大学出版社 2003 年版，第 38 页。

本的功能就是信息传播功能，即消除人们对周围环境最新变动认识或心理不确定性的功能。这是从新闻传播活动的本质属性来考量的。新闻传播的本质就是人们之间的信息交流活动，其目的是满足人们交往的需求。信息是人类在认识和改造客观世界中所依赖和使用的一种既非物质又非能量的东西，它的表现形式可以是消息、信号、数据、情报或知识等。信息传播功能是新闻传播的目的性功能。

（二）延伸功能

新闻传播的信息内容多种多样，传播内容的多样性是人类传播能力优越性的体现。也正是因为传播内容的多样性，使新闻传播具有了多种社会功能。我们把这些功能统称为新闻传播的延伸功能，即这些功能都要依赖于新闻传播的基本功能，是新闻传播基本功能的扩展或延伸。离开了基本功能，这些延伸功能也就不存在了。正可谓“皮之不存，毛将焉附”？根据拉斯韦尔对传播社会功能的分析，其延伸功能主要有：

1. 环境监测功能

任何人为了生存，都必须及时了解自己所处的生存环境的状况和变化，包括自然环境的变化和社会环境的变化，以便迅速做出必要和适当的反应，进而提高适应环境变化的能力。新闻传播是人为生存而发展起来的一种了解自己的生存状态、生存环境和社会变化的手段；人类传播的首要动机和目的就是获取环境信息，获取关于生产、生活和社会的有用情报。新闻传播活动能够最迅速、最灵敏和最广泛地发现和报道人类生存、生活环境新近发生的一切重要事态，引起人们对环境变化的关注。自然环境和社会环境时刻在变化，具有监测环境功能的新闻传播活动也就成为人的日常生活的重要内容。

2. 社会协调功能

社会协调功能就是协调人与人之间、个人与组织之间、组织与组织之间的社会关系。人是社会动物，个人离开了与他人、群体的社会交往和协作就无法生存。要实现与他人、群体的合作，就离不开解释、说明、协商等各种各样的传播或沟通活动。新闻传播并不是单纯的"告知"活动，它所传达的信息中通常伴随着对事件的解释、说明，并提示人们应该采取什么样的行为反应，从而实现各种关系之间的协调和统一，这样才能有效地适应环境的变化。

3. 社会化功能

新闻传播的社会化功能也就是新闻传播的文化传承和社会教化功能。人的活动本质上是社会活动，因而人的活动过程也就是社会化过程。在当下这个泛大众媒介时代，人的社会化过程既是在家庭、学校等群体中进行的，也是在特定的大众传播环境中进行的。“人的社会化，是人在与社会的互动过程中逐渐养成独特的个性和人格，从‘生物人’变成‘社会人’，并通过社会文化的内化和角色知识的学习，逐渐适应社会生活的过程。”① 社会化也就是人的“人化”过程，人的规范化过程。人一出生只是一个“生物人”，要成为一个“社会人”，就必须接受社会教化，了解社会制度、社会价值观、社会规范，继承社会文化遗产，逐步建立起自己的社会本质，才能成为一个真正意义上的人。通过新闻传播进行文化传递，使文化知识和社会道德规范等精神遗产代代相传，也是人类社会发展的重要条件之一。

4. 娱乐功能

新闻传播的内容并不都是一些严肃的、干巴巴的仅是用来指导人们生产实践的东西，其中有相当一部分是为了满足人们的精神生活的需要。人们能够从一些信息的传播过程中得到愉悦，引起情感、思维和心理的活跃和丰富，促进精神世界的发展，这就是新闻传播的娱乐功能。在现

① 郑杭生：《社会学概论》，中国人民大学出版社 2003 年版，第 4 页。

代社会中，人们的生活节奏普遍加快，在紧张繁忙的工作之余，人们也渴望在休息的时候能有一些健康、正当的娱乐活动。在现代社会里，人们多选择以大众媒介为娱乐的主要工具和手段。

在实际的新闻传播活动中，新闻传播的基本功能和延伸功能往往是一体化的，在实际作用过程中其功能常常是共时性的。新闻收受主体在获知有关事物最新变动情况的同时，基本功能以外的其他功能也可能得到了实现。而作为一种事业的新闻传播业，其功能还包括经济功能、政治功能、文化功能等。

三、新闻传播的目的

新闻传播活动作为人的活动，在本质上是人的自觉的、能动的、有意识的一种目的性活动。人是新闻传播活动的主体、中心，新闻传播活动因人的需要产生、发展，其最终目的是为人服务，为了增进人类的幸福，促进所有人的全面发展。“人本身是社会及其发展等一切事物的目的，社会等一切事物都不过是为人本身服务的手段而已。”① 人作为新闻传播活动的主体、中心，是在各种关

① 王海明：《新伦理学》，商务印书馆2001年版，第398页。

系中体现出来的，需要放在各种关系中来理解和确定。现实的人本身就是一种关系存在，这种关系主要体现在：一是人与自然的关系。人是在认识和改造自然界的实践活动中，获得自身的存在，并不断使自身得以发展。二是人与社会的关系。人是一种合群的动物，只有在社会劳动和社会合作中才能得以生存和发展。人是社会发展的主体，同时社会发展也是人的发展的必要条件。三是人与人的关系。人生活在社会中，人的发展直接或间接地取决于与之交往的周围人的发展和其他人的发展。四是人与自身的关系。人只有充分认识自己，善待自己，高扬人的价值，才能充分实现自我。人的这四种关系相互联系、相互制约。

传播是人与人关系赖以成立和发展的机制，在人与人之间建立更好的关系是人类传播的目的。通过传播，人们既保持已有的关系又建立新的关系。人的发展离不开人与人、人与自身、人与自然、人与社会的和谐。和谐指的是一种关系状态——一种理想的关系。传播是建立和发展关系的重要渠道，“世界上最重要的事情就是关系，人际传播、国际传播、全球传播都是为了建立一种较好的关系”。① 从关系的角度

① 李希光：《畸形的媒体》，复旦大学出版社2004年版，第208页。

考量新闻传播的目的，主要表现在：

第一，在人与自然的关系上，通过新闻传播提高人们生活质量和增强人类可持续发展能力。人是自然存在物，自然环境是人类生存的必备前提和条件。通过新闻传播的监测环境功能和社会教化功能，使人们树立人与自然和谐相处的观念，在实践活动中协调人与自然的关系；同时在不断向自然界获取人类生活资料，提高人类生活质量时，树立保护环境的观念，不至于破坏代际生态平衡。

第二，在人与社会的关系上，通过新闻传播的舆论监督功能，遏制社会不公，揭露社会腐败，促使社会发展成果惠及全体人民，不断促进人的全面发展，尊重和关怀人性发展的要求；积极为每个劳动者发挥其创造能力提供良好的社会人文环境，从而实现人和社会的和谐发展。

第三，在人与人的关系上，通过发挥新闻传播的社会协调功能不断实现人们的平等发展、和谐发展，使人们互相理解、互相尊重。要尊重精英阶层的创造个性和能力贡献，也要关注弱势群体，为他们提供良好的人际环境，最终实现人与人的融洽相处。人生活在社会中，人的发展往往直接或间接取决于与其交往的周围人的发展。人与人的和谐，既是人与社会和谐的体现，也是人与自然和谐的保证。

第四，在人与自身的关系上，通过新闻传播的文化传承、社会教化等功能，高扬人的价值，维护人的尊严、权利，善待自我，凸显人在社会发展中的主体作用，赋予人生以意义和价值的关怀。

新闻传播活动作为体现人类本质的一项社会活动，因人的需要而产生、发展，其最终目的也是为人服务，满足人的需要。因此，作为社会主义精神文明建设重要角色的新闻媒体，在新闻传播活动中注入人文情怀，把人当做新闻报道的出发点和归宿点，全面关怀人的本质，关注人情、人性，体现人情之美，人性之美，在全社会倡导以人为本的理念，培育社会的人文精神，构建和谐的人文环境，理应成为新闻活动的一种追求，也是新闻实现社会价值的主要途径。

第四节　新闻传播活动中的人本责任

人类的新闻传播活动自诞生以来，责任便伴随在左右。特别是新闻传播活动独立后，新闻传播以专业机构的组织形式进行活动并拥有一定的权利，责任问题就显得更为重要。正如徐宝璜先生所说："新闻记者，对于社会，负有重大之责任。彼以颠倒是非，博官猎贿，或专以致富为目的而办新闻纸者，乃新闻事业之罪人。”① 新闻传播作为人类生存和发展的一种手段，从产生起就在客观上体现了人类自身对“人文关怀”的内在要求，对人负责，把以人为本内化为新闻传播活动的一种道德责任理应成为新闻传播的价值诉求。

一、新闻传播责任

（一）新闻传播责任的含义

恩格斯说：作为社会的人只有遵循自然和社会规律去承担责任，才能既向个人负责，又向社会负责。尽心尽责有利于社会和自己，失责渎职不利于社会和自己。我们每个人生活在这个世界上，有许多你不得不做的事情，这就是责任。那么责任的含义是什么呢?

在《汉语大词典》里，责任有三重含义：使人担当起某种职务和职责；分内应做之事；未做好分内应做之事所应受到的谴责和制裁。在第二重含义中，“分”即角色，说明责任与责任主体所承担的社会角色是相联系的，一个人的行为要与其社会角色相适应，也表明了社会对责

① 徐宝璜：《新闻学》，中国人民大学出版社1994年版，第9页。

任主体的行为预期。第三重含义表明，一个人的行为没有担负起社会对角色的预期，不符合社会规范，就应当受到社会的谴责和制裁。责任在法律上也有三种解释：一是职责，二是义务，三是因违法行为而承担的某种后果。从伦理上讲，责任是维系社会关系的保障。社会是由许多人生活在其中的、有制度和规则组成的系统，这个系统中的每个人都会与其他人发生交往。在交往中，人们在受惠于社会和他人的同时，也必然要受制于他人和社会，就是说在得到利益的同时，也要付出，在享受权利的同时，也要承担相应的义务。责任的履行维系着社会的正常运转。马克思认为，责任是自然和社会要求的客观负担。他说："作为确定的人，现实的人，你就有规定，就有使命，就有任务。至于你是否意识到这一点，那都是无所谓的。"① 责任源于社会关系中人们彼此的承诺，也是社会对每个成员的行为期待，社会性是责任的本质属性，因此，责任又常被称为社会责任。责任是对每个人在人生各阶段承担的多种角色的共通性要求，是对每个人行为的社会规范，它贯穿于每个人的一生。

责任的概念既包含法律上的含义，也包含伦理上的意

① 《马克思恩格斯全集》第3卷，人民出版社1960年版，第329页。

义，甚至还有职业上的特定要求。职业责任、法律责任和道德责任共同构成责任的三个方面。综上所述，责任是指“由一个人的资格（包括作为人的资格和作为角色的资格）所赋予、并与此相适应的从事某些活动、完成某些任务以及承担相应后果的法律和道德要求及规范”。①

社会有组织、有分工、有制度，每个人都承担一定的社会角色，一个人应对自己的行为负责、对社会负责。社会自身的维系和发展需要每个人按角色的规范去实践并承担相应的责任，新闻传播也不例外。新闻传播责任指新闻传播本身角色所赋予的、新闻传播活动的主体在新闻传播活动中应恪守的行为准则、规范和应尽的义务，即对国家、社会及公民大众应该承担的法律、道德和职业责任及义务。在新闻传播活动中，责任与新闻道德、义务相联系，规定了新闻传播“应该做”的内容。新闻传播的责任是通过新闻报道来实现的。

（二）研究新闻传播责任的理论依据

1. 研究新闻传播责任的理论基石——权利与义务的统一

① 沈晓阳：《西方伦理学中的责任根据理论探析》，载《杭州师范学院学报》2002年第3期。

“权利是权力所保障的利益，是权力所保障的索取。”① 权利是权力所保障的必须且应该得到的利益，而权力是社会管理者拥有且被社会承认的迫使被管理者服从的强制力量。“义务是权力所保障的必须且应该付出的利益。”② 在社会中，个人享有什么权利，履行什么义务，是由社会通过一定的规则所承认、规定、赋予的。权利与义务是人们通过他们的行为而对利益的索取与贡献。任何权利主体在享有某一权利的时候，必须同时承担一定的义务。“没有无义务的权利，也没有无权利的义务。”③ 一个人所享有的权利与他所负有的义务，不是他自己能够自由选择的，而是社会分配给他的。只有社会分配给每个人的权利与他承担的义务相等才是公正的、应该的。权利与义务的公正分配，乃是根本的社会公正。在这里，义务与责任实为同一概念。权利向来都是伴随责任的，没有绝对的权利。任何人除了享受权利之外还要承担责任，在获取的同时必须还要付出，任何人、任何部门、组织机构概莫能外，否则这个社会就会陷入无序的状态。一个人在享有某些权利时，必须承担相应的责任，意味着一个人所享有的

① 王海明：《新伦理学》，商务印书馆 2001 年版，第 314 页。

② 王海明：《新伦理学》，商务印书馆 2001 年版，第 317 页。

③ 《马克思恩格斯全集》第 16 卷，人民出版社 1964 年版，第 16 页。

权利应该等于或小于他所承担的责任。正如赵汀阳所说："一个社会角色所能获得的权益必须至多等于所承担的义务。"① 一个人所享有的权利大于他所承担的责任显然是不应该的。

新闻传播从业者由于自己本身的特点，拥有采访权、报道权、批评权和评论权等，这些权利虽然并没有明确地出现在法律文书之中，但都可以在宪法中找到相应的渊源，尤其在宪法"公民的基本权利和义务"中有较为具体和明确的规定。比如宪法第三十五条规定："公民有言论、出版、集会、结社、游行、示威的自由。"这里的言论自由不仅仅是指公民在日常生活中，在口头上自由地表达自己的意见和看法，更重要的是指公民享有可以借助新闻媒体公开或半公开地发表自己的观点的权利。这些权利的主体是公民，新闻工作者也是公民，他们当然享有宪法规定的一切权利。新闻工作者与普通人的不同之处就是他把寻求、获取、传播新闻信息作为自己的职业，从而使公众更好地实现自己的言论出版新闻自由等权利。言论出版新闻自由不是权力而是权利，是公民的民主权利、政治权利。而言论出版新闻自由是以对他人的思想负有义务为基

① 赵汀阳：《论可能生活》，生活·读书·新知三联书店 1994 年版，第 140 页。

础。如果一个人利用言论出版新闻自由去煽动民族仇恨、侮辱他人人格、诽谤他人名誉，不负担良心的义务，那么他就不应享有言论自由的权利。只有在他负起相伴随的道德义务时，他才享有相应的道德权利。新闻工作者的采访权、报道权、评论权、批评权和传播权等是公民行使表达权和知情权的一种具体形式，是一种职业权利，这些权利是社会公众授予他们的，新闻传媒接受社会的共同委托，在享有这些权利的同时，必须履行应尽的责任。权利和责任是彼此相伴而生并且相承而行的，只讲权利不讲责任是极端危险的，而只要求责任不享有权利则是不牢靠的；权利是责任的前提，责任是权利的保障。新闻传播所拥有的功能即传播新闻信息、协调社会、传承教化，这些既是新闻传媒的权利，同时也是其应行使的义务、应尽的责任。

2. 研究新闻传播责任的理论渊源——西方社会责任理论

1947 年，由美国芝加哥大学校长 K. 哈钦斯担任主席的美国民间艺术团体——新闻自由委员会出版了研究报告《一个自由而负责任的新闻界》(A Free and Responsible Press)，这份报告首次提出了新闻社会责任论的主张，强调大众传播媒介对社会和公众应该承担一定的责任和义务，提倡自由而负责的报刊，因而成为新闻批评史上的一个重要里程碑。人类社会进入20世纪以后，西方社会媒介集中和垄断的加剧使媒介越来越被少数人控制，成为少数媒介大亨利益的代言者，而大多数人则越来越失去表达自己意见的手段和机会。在营利动机的驱使下，媒介内容越来越浅薄化、刺激化、煽情化，以金钱为唯一的驱动和价值评判，严重地危害了健康的社会道德规范，出现了劣币驱逐良币的现象，带来了不少深刻的社会问题。这种状况引起了人们对当时占主导地位的自由主义理论及其媒介制度的强烈不满。为此，该报告指出："新闻自由的危险，部分源自新闻业经济结构的变化，部分源自现代社会的工业制度，在某种程度上，更是由于操纵新闻的人不能洞见一个现代化国家对新闻业的需求以及他们不能判断责任和不能承担肩负的责任所造成的。"① 负责任的报刊应把对社会的责任作为传播行为的重要规范。为此，该报告指出，报刊应"接受一种社会责任，即要对社会负责"。②媒体对社会有责任提供真实和重要的消息，例如注意其职业品质，进行道德自律，为公众提供客观公正的报道。如果媒体忽略它的公共责任，政府可有限度地进行控制。社会责任理论既承认新闻自由是人类不可剥夺的权利，又坚

① 转引自胡兴荣：《新闻哲学》，新华出版社2004年版，第162页。

② 转引自胡兴荣：《新闻哲学》，新华出版社2004年版，第162页。

持新闻自由必须承担社会责任和义务，强调新闻自由是权利与义务的统一。这份研究报告出版以后，引起了西方新闻界对责任问题的广泛关注，开始了对新闻社会责任问题的研究，最终使得社会责任论在西方新闻界广泛流行。1956 年，由威尔伯·施拉姆等人合著的《报刊的四种理论》将传媒同社会的关系归纳成四种理论模式，即集权主义理论、自由主义理论、社会责任论和苏联模式。其中美国学者 T. B. 彼得森执笔的"报刊的社会责任论"正式提出了社会责任论的概念和命题，提出社会责任论的目标是使媒体兼顾自由和责任，充分发挥社会的各种功能，以确保人类获得更多的权利，对社会责任理论作了独到的阐释。"社会责任理论提出了如下原理原则：（1）大众传播具有很强的公共性，因而媒介机构必须对社会和公众承担和履行一定的责任和义务；（2）媒介的新闻报道和信息传播应该符合真实性、正确性、客观性、公正性等专业标准；（3）媒介必须在现存法律和制度的范围内进行自我约束，不能煽动社会犯罪，不能传播宗教或种族歧视的内容；（4）受众有权要求媒介从事高品位的传播活动，这种干预是正当的。"① 到 20 世纪后期，社会责任论已成为

① 转引自郭庆光：《传播学教程》，中国人民大学出版社 1999 年版，第 139 页。

西方新闻思潮的主要代表，并被大多数媒体所认同，对世界各国新闻界产生了广泛影响。“责任”一词已经悄然成为新闻界指导、规范自己职业行为的一个原则性概念，同时也说明社会需要一个可以问责的新闻界。

（三）新闻传播的责任主体及客体

新闻传播的责任主体也就是新闻传播活动中责任的承担者，主要指新闻媒体组织及其新闻从业者，新闻从业者是指在新闻机构专门从事新闻采集、制作、传播新闻信息及其相关活动的工作者，即记者、编辑和媒体管理者。新闻传播责任主体不同于新闻传播活动主体。新闻传播活动主体包括：传播主体，即记者、编辑；收受主体，即受众；控制主体，即媒体管理者；新闻源主体，即新闻信息提供者。新闻传播活动是一种职业活动，只有媒体组织及其直接从事新闻传播业务的职业工作者，也就是从事新闻采写、新闻编辑及媒体管理者，才对新闻传播的内容负责任。

新闻传播的责任客体也就是新闻传播责任对象即社会。新闻传播责任主体在新闻传播活动中要对社会负责。社会并不是一个抽象的概念，其本质是指“以一定的物质生产活动为基础而相互联系的人类生活共同体”。①“社会”通常包括两个方面的含义：一是指由一定的社会关系所构成的整体；二是泛指由于共同物质条件而相互联系起来的人群。广义的“社会”，应当包括这两个方面的内容。马克思认为：社会的本质既不是在整体也不是在个人之中，而只能在人与人的关系、个人与整体的关系中去寻找。这个观点科学地揭示了社会的本质。因此，社会不是单个个人的简单相加，而是全部社会关系的总和，生产关系是社会的基础。社会是由相互联系的多种元素构成的有机系统，具有特定的结构和功能，按自身的客观规律运动和变化。在社会系统中，从社会关系的层次和水平上来看，社会关系主要包含个人关系、群体关系和社会制度三个不同的层次。因此，作为新闻传播责任客体的社会应包括社会制度、社会群体和社会中的人。新闻传播既要对社会制度负责，也要对社会群体、社会中的人负责，这是新闻传播责任客体的基本要求。

（四）新闻传播的责任种类

新闻传媒的责任源于传媒在社会中担当的角色，传媒

① 《辞海》，上海：辞书出版社1999年版，第4313页。

的责任与其社会功能密切相关，传媒社会角色的复杂性和多重性导致了附在传媒身上的社会期待是多重的。人们从不同的视角出发，以不同的立场规定责任的对象和内容时，就会产生不同的观点。就我国新闻传媒的属性来看，传媒的角色始终逃不脱三种角色的规定——服务社会公众的工具、服务政治权力的工具、赚取经济利润的工具。为此，媒体承担的责任主要有社会责任、政治责任、经济责任。

1. 社会责任

新闻传播的社会责任是由新闻传播的社会公器角色所赋予的，与传媒作为公共领域的角色相联系，源于其作为社会公共资源的属性。人们在社会生活中所涉及的最本质的关系，就是公共利益的创造及其作用的发挥。新闻传播的社会责任，是指新闻媒介及其从业人员在新闻传播活动中通过新闻传播维护和增进社会公共利益时，对社会及公众应该承担的法律、道德和职业责任及义务。新闻传媒的社会公器角色要求新闻传媒在新闻传播活动中，坚守客观、真实，守望社会公平、正义，维护社会良知，追求公共利益、社会效益，对社会公众利益负责。社会责任是新闻传播作为一种职业或专业的核心支撑，是新闻从业者道德自律的目标指向，也是新闻职业道德的核心价值。

职业责任、法律责任和道德责任共同构成责任的三个方面。新闻传播的职业责任、法律责任和道德责任，这三类责任的交叉与重叠共同构成了新闻传播的社会责任。

(1) 职业责任：新闻传播的职业责任是新闻传播活动本身的职业角色所赋予的义务以及违背这些义务所应承担的后果。在职业责任中既有法律的约束，又包含道德的规范，同时还体现了职业本身的特殊要求。新闻传播的职业责任源于新闻传播的功能，即满足社会大众新闻信息的需要。功能既是权利，也意味着责任。新闻传播的职业责任也称传播责任或专业责任。传播新闻信息是新闻传播的基本功能，也就是新闻传播的基本责任，新闻传播活动的责任主体在新闻传播过程中对新闻信息的采集、制作、发布必须承担责任。这就要求新闻传播者首先要尽力满足社会大众的新闻信息需求，传播社会大众所需要的，与大众生活、利益密切相关的，具有新闻价值的社会各个方面的信息，确保社会大众对新闻事件和各种信息的知情权。其次，新闻传播的内容要尽力做到真实、全面、客观、公正，这也正是新闻之为新闻的独特规定性；否则，新闻传播就失去了存在的理由。最后，在传播方法上，要尽力做到及时、实时、公开。

(2) 法律责任：任何法律都是用来调整一定社会关

系的，法律责任对社会各个主体的权利和义务作了规定。新闻传播的法律责任是指新闻传播必须符合法律规定，违反法律规定的新闻传播行为必须接受法律的制裁。这是新闻从业者一条不可逾越的底线。法律责任是任何法律明文规定的，具有强制性。任何人、任何行业、任何部门都必须按照法律规定来履行自己的责任。法律责任包括法律范畴内的权利与义务这两个方面。我国法律对新闻传播活动的各项权利给予保护，同时新闻传播活动又必须在法律规定的范围内进行，依法限制一定的行为，承担一定的责任。媒体要承担的法律责任是非常明确的。比如媒体负有维护国家安全和社会正常秩序的责任，媒体在传播活动中不得泄露国家机密，不得传播色情淫秽信息，不得宣扬邪教和其他危害社会的内容；媒体从事新闻传播活动不得损害报道对象的名誉权、隐私权、肖像权；刊播他人作品，就承担了征得许可、署名、支付报酬和不得篡改作品内容等责任。我国虽然没有专门的新闻法，但对新闻传播的各种限制性规范散见于各项法律、法规中。

（3）道德责任：道德责任是指在社会客观的道德评价体系中，行为主体在具有意志自由的前提下，在道义上为他所选择或做出的行为的善恶、是非等价值和后果所应承担的相应责任，是个体对自己某一具体行为的自控制能力与承担后果能力的统一。新闻传播的道德责任是指在新闻传播活动中，新闻传播主体在社会舆论、传统习惯和内心信念制约下应尽的道德义务以及因过失所受的道德谴责，它是高于法律责任之上的更高要求与规范。新闻传播的道德责任是主观性和客观性的统一。这种责任不是外部责任，而是内部责任，它是依靠传播主体内心的信念、社会舆论促使主体自觉去完成的，而不依靠任何强制力量。在新闻传播活动中，新闻传播行为和新闻传播内容必须满足以下要求：符合社会公共行为规范，遵守社会公共道德，不报道和传播违背社会公共道德的内容；献身正义、人道，为公众利益服务；恪守新闻职业道德，遵循新闻职业规范，对其职业行为进行理性的自我约束和自我管理。

2. 政治责任

任何传媒在一定程度上都具有政治工具的特性，承担服务政治的角色，这是因为任何国家的传媒都受政治权力的控制，只不过政治控制的强度各有差别。我国新闻传播的政治责任是与其作为政治工具的传媒角色相联系的。在我国，大众新闻传媒都是国有资产，接受党和政府的领导，是各级党和政府的耳目、喉舌，具有鲜明的政治属性。因此，媒体负有宣传党和政府的方针政策、引导社会舆论的义务和责任，对党和政府负责，这就是新闻传媒的政治责任。政治责任是一种强制性的规定，以是否符合制度所体现出来的价值倾向作为是否应该承担政治责任的标准。政治责任的主要任务是维护社会政治制度的稳定和社会秩序的正常运行，弘扬社会主旋律，传播符合人民利益和意志的先进文化，确立起主流意识形态的导向地位。

3. 经济责任

新闻传播的经济责任是指新闻传播主体在新闻传播活动中通过向大众提供新闻信息产品获得经济收入，从而对新闻传媒的经济利益负责。这是传媒的经济属性，与其所扮演的市场主体的角色相关，即当传媒成为以追求经济利润为目标的市场主体角色时，传媒就自然具有了经济责任。我国新闻传媒的产业性质得到确认，市场主体地位得到肯定，在“自主经营，自负盈亏”的运营机制下，经济利益是传媒立足的根基，大部分传媒（除党刊、党台、党报外）都具有不可推卸的经济责任。

二、新闻传播活动中的人本责任

传播可以为善，也可以为恶。传播学作为人的学科不可能回避价值判断。新闻传播作为传播的一种，传播什么？如何传播？为谁传播？在回答这类问题时，应注入人文关怀，体现人文精神，把新闻传播置于人的价值背景之中来考察，把以人为本作为新闻传播重要价值观考量，将以人为本上升为一种道德责任，即人本责任。新闻传播具有道德功能，功能即权利，权利意味着责任。因此，新闻传播具有不可推卸的道德责任，而人本责任则是最重要的道德责任。

（一）新闻传播的道德功能

新闻传播活动对社会道德的形成和发展有着巨大的作用。新闻传播在社会中承担着多重角色与功能，如环境监测、社会协调、文化传承和社会教化等。从社会伦理的视角看，新闻传播同样也担任着多重角色与功能：

1. 道德的传播者与道德的教化者

在现代社会，随着大众新闻传媒的迅速发展及其对社会生活无处不在的强大的渗透力与影响力，大众新闻传媒已逐渐成为人们获取信息的主要渠道。新闻传播通过符号系统，传递道德价值观念，影响社会意识形态，强化受众的道德认同感，引导受众遵循社会道德规范，帮助受众树立正确的世界观和道德观。新闻传媒所传递的道德文化信息能够对人们产生广泛、迅速而连贯的影响。因此，我们可以利用大众新闻传播对大众进行道德教育。大众新闻传播的道德教育角色在人的社会化进程中体现得尤为明显。

社会化是指一个由“自然人”到“社会人”的转变过程，这个过程主要表现为文化，尤其是伦理道德文化的继承和传播。

2. 社会道德规范的建构者

大众新闻传播具有社会规范示范功能，它在传播道德文化信息时，通过对信息的选择、解释与评论，往往也会把一定的价值观推荐给受众，影响着人们的道德观、人生观的形成，诠释着、建构着整个社会的道德规范乃至信任和信仰的标准、原则。新闻传播背负着社会公众对真善美的良好期待，它依靠不断地向社会大众提供道德榜样、道德楷模，以揭露背离社会道德的行为从而促进良好社会道德的形成。

3. 社会道德的监督者

人类社会的发展需要良好道德规范的制约，而道德的长期、有效的实施，离不开一定的监督机制。新闻传播凭借其特有的舆论监督功能，对社会生活中道德事件及时刊播，担任着守望道德、监督人们履行道德义务的角色。它监视、督促人们遵守一定的道德准则，维护道德的尊严。

（二）以人为本内化为新闻传播的道德责任

新闻传播的道德责任源于新闻传播的道德功能，功能既是权利也是责任。以人为本作为一种理念虽然被广大媒体从业者所接受，但这种理念具有随意性、不稳定性，这就需要把这种理念上升为一种责任，内化为新闻工作者的职业意识，才能在新闻传播活动中真正实现以人为本。

1. 以人为本是新闻传播活动的内在要求

新闻传播活动的本质是人的活动，它因人的需要而生，随人的需求推动而发展，是一种人了解自己的生存状态、生存环境和社会变化的手段，其最终目的是为人服务。所以，“新闻”是人所创造的一种独特的媒介传播内容，它以人的活动为中心，是在人对自身的生存状态和生存环境及其发展、变化认识的基础上对这些变化所作出的相对真实与客观的描述，并且通过特定的媒介将之进行传播。通过传播，“新闻”体现了人对自身的生存状态和生存环境及其发展、变化的关注。这里的生存状态包括人的物质状态和精神状态，生存环境包括自然环境和社会环境。“新闻”的这种对人的关注，实际上是新闻活动本质的体现，新闻活动如果离开了人，也就失去了存在的意义；同时，这种关注也体现了人对人类社会发展的思考：人是社会发展和历史进步的主体，人的生命状态、精神需要理应得到社会的关注和重视，这样才能促进人与社会的自由、协调、均衡的发展。

新闻传播只有坚持以人为本，才能充分实现新闻传播的各种功能。因为人是新闻事件的中心，人的情感是新闻信息中不可分割的一部分，“无人”的新闻是有悖于人性的，不关注人的正常情感的新闻同样是与人性相背离的。从“以人为本”的角度讲，新闻不仅是“事学”，更应该是“人学”。“新闻所关注的事，无论是自然界发生的事还是人世间发生的事，大多同人的生存发展有关，新闻从不问津同人完全没有关系的事实。我们生活其中的客观世界，每天有多多少少的事情发生，而媒体对它们感兴趣并光顾的，也总是那些同人类生存发展相关的事实。”① 新闻传播的实践表明：越是事关人的生存、人的发展、人类社会安危的新闻，其传播价值也就越大，传播速度也就越快，传播效果也就越好，新闻传播的各项功能进而才能得以充分发挥和实现。

新闻的人文内涵要求新闻传播必须以人为本。以人为本源于新闻传播内在发展的要求，是新闻传播内在价值的呼唤。“新闻媒体作为最有利的文化载体，在新的社会价值体系的建立过程中，毫无疑问负有艰巨的责任，需要新闻工作者具有强烈的人文关怀精神。”② 人文关怀是现代

① 童兵：《科学和人文的新闻观》，载《新闻大学》2001 年第 3 期。

② 李世举：《人文关怀的凸现——简评中国新闻奖新闻选择标准的演进》，载《新闻知识》2003 年第 3 期。

受众的深层次需要。施拉姆认为，受众收看、收听新闻是为了获得或早或迟的两种补偿：即时性补偿和延时性补偿。即时性补偿强调新闻要满足受众对信息的需求和好奇心理，而延时性补偿则是强调新闻要提供一些关系个人生存、发展的重要内容，满足人的精神需求。在新闻传播活动中注入人文关怀，体现以人为本，尊重人、理解人、关心人，将人作为考察一切事物的中心的价值取向，关注人的生存状况及历史境遇，对符合人性的生活条件给予肯定，追求人的解放与自由，这既是受众内心永恒的需求，也是大众新闻传播基本功能的回归，同时也是社会进步的体现。当今社会传播科技日新月异，新闻传播的技术特性使它具有无与伦比的威力，新闻传播的工具属性使它可以被人操纵，即可用于善的目的也可以满足恶的需要。所以，我们更需要强调以人为本，使新闻传播服务于人类的善，实现新闻传播的真正目的。

2. 以人为本内化为新闻传播的道德责任

新闻传播在传递新闻信息的过程中，不仅具有环境监测、文化传承、社会教化等功能，同时还承担道德功能。当然这种功能渗透在新闻传播的基本功能——信息传播功能中，通过新闻信息的传播得以实现。功能是权利，而权利则意味着责任。在新闻传播活动中，传播主体理应承担其道德责任。新闻传播的道德责任规定了新闻传播主体在新闻传播活动中的行为是应该的，是道德借以调整新闻工作者社会行为的重要手段。新闻传播的道德责任存在和贯穿于具体的责任之中，从这个方面说，道德责任就表现为具体责任，如新闻传播做到了真实、客观、公正，就秉持了最基本的道德。当然，和各具体责任相比，道德责任是具体责任之上的升华，比具体责任范围更广、要求更高，是自觉的责任意识。

人类的一切实践活动都以符合人的需要为目的，新闻传播活动也不例外。从新闻传播的发生来看，以人为本是新闻传播活动的内在要求，是新闻传播内在价值的体现，也是新闻传播基本功能的回归。因此，在新闻传播活动中秉承人文精神，坚持以人为本理应成为新闻传播道德责任的重要内容。当然，这种理念是通过新闻工作者在具体的新闻传播活动中自觉、自律的行为来实践的，其前提是新闻从业者须将人本意识内化为一种常识、一种责任。

3. 人本责任的主要内容

道德根源于社会存在，是社会生活各个方面的行为准则所构成的规范体系。人类社会的一切活动都处于一定的社会关系中，为保证社会生活的稳定和发展，必须采用一定手段处理好这些社会关系。一定的社会物质生活条件和与此相应的社会关系是道德存在的根据和调节内容。由于社会关系的复杂性，道德在调节各种社会关系中是以与权利相对应的主体责任为内容的，即通过道德活动使活动主体认清自己在社会关系中享有哪些权利，承担哪些责任，从而在实践中自觉地履行自身的责任，维护社会的正常秩序。在新闻传播活动中，新闻传播主体只有明晰了人本责任的具体内容，才能更好地履行自己的责任。新闻传播中人本责任的主要内容有：

（1）在新闻传播活动中，人是主体。因此，在新闻的采写、编辑、制作过程中，应尊重人的生命，尊重人性，尊重每个人的人格、价值，尊重每个人的潜能及做人的权利，彰显人的主体性。

（2）在新闻传播活动中，人是一切活动的价值尺度。因此，新闻传播活动应纳入人的价值背景之中来考察；判断新闻传播的效果应上升到人的层次，即新闻传播活动能否提升所有人的福利，增进人类的幸福，促进人的全面发展。

（3）人是新闻传播活动的目的，为人服务是新闻传播活动的宗旨。这就要求在新闻传播活动中，把人当做新闻传播的出发点和归宿点，以人为本位，关注人的生存状况、生存环境，关注人情、人性，体现人情之美、人性之美。

新闻传播的人本责任要求传播主体在分析、思考和解决媒介问题时要从人的伦理需求出发，确立起伦理的尺度，为人的全面发展营造良好的人文环境。

4. 人本责任的特点

新闻传播中的人本责任作为一种道德责任，在遵循责任共性要求与普遍性原则的前提下，具有自己的特点：

(1) 社会性。责任的本质在于其社会性。责任是人类为了生存，为了更好地交往而产生的，它与社会并存，同时也是社会发展的必然要求。传媒的责任源于传媒的社会角色，传媒的社会角色是复杂的、多重的。因此，社会对传媒的期待也是多重的，这种多重期待会通过各种不同方式对传媒施加影响，并对其任务和使命进行规定。责任是社会关系中人们对彼此的承诺，责任的履行维系着社会的正常运转，一个人应当对自己的行为负责，对社会负责；否则，社会就会陷入混乱无序状态。因此，社会中每个成员都要履行他应当承担的责任。社会性是责任的本质属性，责任只有在社会中才能产生意义。一个行为越是对社会产生重要影响，该行为主体所承担的责任就越重大。大众传媒因其对当代社会日益强劲的渗透和影响，使得它也须承担越来越重大的责任。与其他责任一样，人本责任首先具有社会性。这种社会性体现在，新闻传播遵循自身社会角色的特定规范和要求，遵循自己的职业标准，对自己的行为负责，对人负责，进而对社会负责。这里的人不是孤立的、生物学意义上的人，而是处在一定社会关系中的社会人。

（2）中介性。人本责任的中介性首先表现在人本责任是社会道德内化为个体道德的关键。社会道德具有普遍性，是反映社会共同利益、意志的规范体系。以人为本既是一般的社会道德，也是新闻传媒职业道德的重要内容。道德调节不是靠外在强制力，而是靠个体的自觉，这就是说社会道德或职业道德只有内化为个体自觉的道德意识，才能在实践中发挥其社会作用。社会道德、职业道德内化为个体道德的关键，离不开道德责任；否则，一切道德原则和道德规范就会流于形式，成为空洞的说教，不会产生期望的效果。另一方面，个体道德意识外化为道德行为是道德运动的落脚点，直接体现以人为本道德责任的社会作用。观念是存在的反映，而观念一经形成就通过指导行为反作用于存在。在观念和行为的关系中，观念是行为的灵魂，行为是观念的外化形式。就个体道德意识向道德行为转化来说，由于个体道德意识集中表现为道德责任感和道德评价能力，因此责任意识对道德行为就起支配作用。个体道德行为就是个体责任感的外化形式直接体现责任对行为的支配作用。

（3）自律性。人本责任作为一种道德责任，最大的特点就是自律性，它是依靠新闻工作者的社会良知、社会舆论及其不具有强制性的社会规范来实现的，表现为行为主体对责任的自觉认识和行为上的自愿选择。新闻传播人本责任是新闻传播主体出于责任心而自觉自愿履行的责任，它以“应当”的形式实现，具有自主性、应然性和自律性。

（4）选择性。人本责任是一种道德责任，判断行为是否道德其前提就是该行为具有可选择性。道德行为是人在一定的道德意识支配下，根据道德标准在不同的价值准则和善恶冲突之间所作的自觉自愿的选择。人本责任作为新闻传播的一种价值取向，当发生价值冲突的时候，人本责任的实现往往体现为如何进行价值判断和道德选择，而其他责任常有明确规定，如专业责任、法律责任、政治责任等都是通过职业章程和条款来规定的，一般不需要进行选择。

（5）前瞻性。前瞻性是指新闻从业人员在新闻实践中能对自己的行为后果作出理性的判断，能预知后果的善恶，从而作出作为或者不作为的选择。一般来说，政治、法律等责任往往只讨论行为发生以后的责任，对一些违背政治要求、法律规定的行为而进行的相应的惩罚，是一种事后责任。人本责任作为自觉意识到的义务，新闻从业者在行为前就应该能判断出其行为的道德后果，这是一种具有自律性质的事前责任，要为可预见的结果负责，是一种预防性、前瞻性的责任。它能形成特定的动机、意图、目的，促使人们去遵守社会行为规范。

三、新闻传播活动中人本责任与其他责任的关系

新闻传播的责任包括专业责任、法律责任、道德责任、政治责任、经济责任等，对作为一种道德责任的人本责任与其他责任之间关系的理解和把握对于人本责任的践行至关重要。

（一）新闻传播人本责任与专业责任的关系

1. 人本责任与专业责任的统一

新闻传播的专业责任亦即职业责任是新闻传播的基本责任，其他责任都以此为基础，并通过专业责任的履行来实现。新闻传播的专业责任是指新闻传播主体在新闻信息的采写、编辑、制作和发布的过程中，对新闻信息的真实性、客观性所承担的责任。它是新闻媒体和从业人员对新闻传播事业的态度和职业信念，是确定新闻媒体和新闻从

业人员最低限度的行为准则，也是新闻职业道德的基本要求，具有必然性。同时，也在一定程度上体现了社会对新闻传播的角色认同与制度安排，是新闻作为一项职业的内在要求。新闻传播专业责任有一套关于新闻媒介的社会功能的信念，一系列规范新闻工作的职业伦理，一种独立于政治和经济权利之外的更高权威的精神和一种服务公众的自觉态度。人本责任相对于专业责任来讲，是主体出于对专业责任的一种道德责任感，具有更高的道德高尚性。对于人本责任而言，专业责任是一种基础性的东西，是履行人本责任的前提和基础。同时，在新闻传播活动中，坚持新闻信息的真实、客观、公正也是人本责任的体现。因此，新闻传播活动中的专业责任和人本责任是统一的。

2. 人本责任和专业责任的冲突

新闻传播的专业责任有两个重要特征：中立性和客观性。它要求传播主体在新闻传播活动中用中立、客观和旁观的态度真实地记录新闻事件，在新闻现场做一个冷静的旁观者。在当今的西方社会，“新闻记者应当是不偏不倚中立的观察者”几乎成了共识。现行的各国职业道德准则也都把记者的“忠实地记录新闻”的专业责任放在了突出位置。但是否在任何情况下，都一定要把新闻事实原汁原味地报道出来呢？在关乎人的生命尊严、人格及人的权利等有关人的生存状况的新闻报道中，记者、编辑是否有权把所有的事实真相都公之于众？尤其是当披露这些真相将涉及对某些个体造成严重伤害的时候。在灾难报道中，记者在面对当事人的痛苦是选择报道还是放弃报道？为了追求真实，对血腥画面是否做原生态的呈现？当采访对象面临生命危险是出手相救还是无动于衷、冷静地采访报道？在这里，专业责任和人本责任发生了冲突。专业责任和人本责任的冲突实质上是两种价值观的冲突，即职业价值观和以人为本的道德价值观的冲突。新闻传播活动的目的是为人服务，尊重人的生命、尊重人的价值、尊重人的权利、肯定人的合乎人性的生存状况是新闻传播基本的责任。当记者、编辑面临专业责任和人本责任的冲突时，新闻价值观应该建立在“以人为本”的价值基础上，在符合人性的前提下进行新闻报道，所传播的一切都应该符合这一标准。特别是在灾难新闻报道中，新闻传播者应以合乎人道的方式进行采访和报道，赋予新闻报道“普世”人性价值。这时，专业责任应让位于人本责任。

（二）新闻传播人本责任与法律责任的关系

任何人、组织在社会活动中，其行为若对他人和社会产生了危害，都会受到法律的制裁，新闻传播活动也不例外。新闻传播的法律责任是指新闻传播主体在新闻传播活动中违反法律规定的义务、实施违法行为而承担的否定性或惩罚性的法律后果。它是国家运用法律强制手段，对新闻传播活动中一些超越法定权利义务界限的违法行为所给予的一种否定性的评价与谴责。新闻传播的人本责任表现为道德意义上的责任和义务，它不具有强制性。法律责任与人本责任都是社会关系调节方式，不论在哪种社会制度中，道德都是不可或缺的力量。法律与道德都有各自调整范围，有相对的界限，但各种道德对法律都有不同程度的影响，法律所调整的社会关系，也是需要道德来调整的，所以新闻传播的发展需要法律规范与伦理规范的协调，需要法律制度建设和道德体系建设的互补。在新闻传播活动中，对法律的遵守就是承担了最基本的道德责任。法律作为调整人们社会关系的硬性规范，其本质是为了人类的正义，为了人类社会的发展和人的全面进步制定的，一部优良的法律本身就是人本责任的体现。

（三）新闻传播人本责任和政治责任的关系

政治责任是大众新闻传媒在政治生活领域中的责任。新闻传播的政治责任应以党和政府的利益本位为出发点，重在实现党和政府的利益。党和政府的利益在绝大多数情况下与社会根本利益是一致的，如党的十六届三中全会把“以人为本”作为党的执政理念的核心，在价值观上确立了人是社会发展的主体，肯定了人民群众是推动经济社会发展的根本动力。中国共产党作为代表最广大人民群众根本利益的先进政党，以解放全人类为自己的最终目标，必然要坚持以人为本。这时，二者是统一的。但政治利益也会与社会公众的利益发生背离。如一些灾难性事件或者重大问题发生时，媒体往往在尚未报道之前，就会接到相关政府部门的指示——停止对此问题进行报道，从而无法满足社会公众的知情权，损害了社会公众的利益。这时，新闻传媒若是履行了政治责任，就无法实现人本责任。在我国的新闻宣传报道中，特别是典型人物的报道，一直存在于一个泛政治化的环境之中，把一切都赋予了政治色彩，人成了政治的附庸。政治把人当做重要的政治资源而着重强调其手段的性质，这就与主张“人是目的”的人本责任产生了裂痕，结果，人成了政治的工具。新闻传播的本质功能是传播新闻信息，政治功能是派生的。因此，新闻传播所承担的政治责任应该是有一定限度的。

（四）新闻传播人本责任与经济责任的关系

在传媒日益市场化的今天，我国新闻传媒从衣食无忧、财政拨款的计划经济体制生存环境过渡到必须依靠竞争才能在市场中获得自身生存发展的市场经济体制生存环境。媒体（除党报、党刊、党台外）是以市场主体的身份参与市场运作，传媒组织主要依赖新闻传播活动获取收入，弥补所需的大量经济资源，维持自己的生存和发展。因此，对自身经济利益的追求是媒体主要目标之一。新闻传播的经济责任和社会责任本质上是统一的，新闻传媒通过履行市场主体角色赋予它的经济活动能力，在通过为大众生产高质量的新闻产品、实现自己的经济利益的同时，也为社会创造了大量的财富。因此，新闻传播主体承担了经济责任也就是履行了社会责任，对社会负责，也就是对社会公众、社会中的人负责。这时，新闻传播中的人本责任和经济责任是一致的。但在新闻实践中，新闻传媒单纯为了经济利益，完成其经济责任，无视社会利益，无视社会公德、职业道德，崇富、冷漠、媚俗、侵权，这就造成了经济责任和人本责任的冲突，导致了媒体经济责任的异化。大众新闻传播是通过向社会公众提供积极、健康、有用的新闻信息得以维系和发展的，具有公共性和公益性，为人服务、对人负责是新闻传播的灵魂。如果一味地把新闻传播作为赚钱的工具，而不惜损害社会、公众的利益，新闻传播也就失去了存在的根基，正所谓“皮之不存，毛将焉附”？

（五）新闻传播人本责任与社会责任同构

新闻传播的社会责任是要维护健康的、进步的社会秩序，维护社会公共道德，维护公众利益；新闻传播的内容要有利于公众的心智健康，其最终目的是增进人类的幸福，促进所有人的全面发展，对社会中的人负责。因此，新闻传播的社会责任与人本责任的价值追求是一致的。人本责任作为一种道德责任，是社会责任的主要内容之一，它们都是通过新闻传播的职业责任来实现的。只有在人本责任理念的指导下，构建合理的社会责任才能使新闻传播不偏离正确的航道，才能使新闻传播的各种社会功能得以充分发挥，还新闻传播以本来面目。所以，人本责任是社会责任应有之义，是社会责任应该达到的一个层面。在人本责任理念下的新闻传播的社会责任超越了政治上和经济上所要求的义务，新闻传媒在履行政治责任和经济责任的同时，还应该负有道义上的责任。

责任造就公信力，新闻传播只有承担起自己所应负的责任，才能树立起良好的公信力和影响力，也才能够真正实现自己的价值、功用以及相对独特的追求。新闻传播社会责任通过职业行为以实现社会公正、推动人类文明为理想，这是一个新闻从业者首先应意识到并时时用以提醒、自我反思的标尺，也是人本责任的体现。新闻从业者在新闻传播的过程中自觉担当社会道义和服务公众的责任，这既是人本责任的本质要求，也是新闻传播的安身立命之本。

第二章 新闻传播活动中人本责任之定位

以人为本是新闻传播活动的内在价值，也是新闻传播的内在要求。新闻传播以其为公众提供新闻信息服务的功能实现自己的价值，为人服务、以人为本是新闻传播的灵魂。为人服务，可以为其善，也可以为其恶，这就要求新闻传播主体在新闻传播活动中承担起为善的责任。以人为本是新闻传播活动最基本的伦理原则和道德规范，是新闻传播的首要价值。人本责任是新闻传播其他一切责任的核心。

第一节 改革开放以来中国人文精神研究对新闻传播的影响

人文精神是关于人的本质、地位、价值的精神，是对人的价值和人生意义的关注，是对人类命运的关注。人文精神的核心是以人文本。从中华人民共和国成立至“文革”期间，人文关怀被当做资产阶级的意识形态和专利，是不允许讨论的。在20世纪50年代“双百”时期，文艺界有过关于“人情、人性”的讨论，但仅是昙花一现。改革开放以后，这个禁区被打破，人文精神的研究成为一个热门话题。改革开放后人文精神的研究，从社会背景、研究主体和研究视角上看，经历了从伦理到人文再到人学的三次转向，这三次转向都深刻地影响了新闻传播的发展。

一、人文精神研究的伦理转向

人文精神研究的伦理转向，大约从1978年开始。当时，国人还未完全从“文革”的阴霾中走出，为反思“文革”所带来的人道主义苦难，我国理论界掀起了一场关于人道主义和异化问题大讨论的热潮。只有资本主义才有人道，而社会主义就不讲人道吗？讲政治就不应该讲人道吗？大多数人认为不应再像过去那样把任何形式的人道主义都看做资产阶级的意识形态，而应在伦理和道德意义上，宣传和实行“社会主义人道主义”。人们在谴责“文革”之中非人道现象的同时，认为不应把人性同政治直接挂钩。思想界掀起了一场反对阶级斗争扩大化的思潮，承认人在阶级性之外，在人与人之间、人与社会之间还存在着普通的人性、人情，应该提倡人道主义，主张在人与人之间建立起超越阶级的人文关怀关系；在这种关系中充分实现个体价值、实现人的全面发展，为实现个人价值正名。这种思潮深深地影响了新闻传播，使得新闻作为阶级斗争的工具受到质疑。这一时期，新闻界也开始反思新闻传播的本质、功能及新闻传播的规律，逐渐削减新闻传播的政治宣传功能，增强新闻传播的信息传递功能，重新恢复报纸作为“新闻纸”的本来面目。报纸版面中的信息量逐渐增多，内容的可读性提高，开始以一种老百姓喜闻乐见的形式来报道新闻。1987 年《广州日报》率先扩版，使新闻信息量增大了一倍，同时增加了民生的内容，使用了较为轻松活泼的语言；率先冲破机关报模式，把权威性与可读性结合起来，把宣传功能与新闻功能结合起来，贴近百姓，服务百姓，摸索出一条在中国国情下从机关报转变为都市报的新路。

二、人文精神研究的人文转向

人文精神研究的人文转向发生在 20 世纪 90 年代党的十四大前后。在这一时期，市场经济的发展极大地满足了人们的物质需求，人们的物质欲望极度膨胀，但同时道德滑坡、精神空虚、信仰缺失、商品拜物观念已渗透中国社会各阶层的意识深处。在这种状况下，人们开始反思市场化所带来的问题。市场经济与人文精神到底是什么关系？市场经济导致人文精神丧失，还是促进人文精神生长？当代中国需要提倡什么样的“人文精神”？在这场讨论中，人们对于什么是人文精神看法不一，对何谓“人文精神”虽无统一标准，但都提出了各自不同的见解。这是中国第一次明确提出“人文精神”、“人文关怀”的概念并展开讨论，对人文关怀的追求从此走上了一条自觉的道路。通过这次讨论，人们对人文精神有了新的认识，认为市场经济下人文关怀的主旨是确立生产的中心和目的，而非生产的手段，反对人成为物的奴隶、成为金钱的奴隶等。提出了要建立同市场经济相适应的“新的人文精神”，就是要求永远把人放在首位，在人与物的关系中，核心是提倡人有高于物的价值和尊严。随着社会主义市场经济体制的确立，我国新闻媒体逐步走向“事业单位，企业化管理”的道路，追求经济利益是新闻传播活动的目标之一，但经济利益的获得要以满足社会公众信息需要为前提，不能以损害社会公众利益为代价。新闻生产的最终目的是为人的发展、进步服务。在这一时期，我国新闻传媒逐步树立了“受众本位”的传播理念，加大了对贴近生活、服务群众的新闻的报道力度，关注寻常百姓的生存状况，突出民生问题，新闻传播活动开始把体现人文关怀作为传播理念来追求。这种体现肇始于 1993 年中央电视台的《东方时空》中的《百姓故事》。《百姓故事》将镜头对准真正意义上的老百姓，或者说是占中国大多数的普通人，用平实的语言、真实的镜头讲述发生在老百姓身边的故事，将这些故事中最有时代特征、最具人文价值的内容用摄像机记录下来，同老百姓在心灵上进行平等的、真诚的沟通，展现了平凡人内在的精神价值。

三、人文精神研究的人学转向

人文精神研究的人学转向开始于社会主义市场经济体制初步建立之后。我国经过多年的改革开放，市场经济充分调动了人们的主动性、积极性和创造性，人的价值、人的潜能充分得以实现，人的主体性得以确认，经济社会得以发展和繁荣。在这样的背景下，对于人的研究也就日益显得必要，对人性的关注、对人的生存状态、生活环境的体察直接影响到和谐社会的构建。党的十六届三中全会提出“以人为本，树立全面协调可持续的科学发展观，促进经济社会和人的全面发展”的思想。这一理论，其核心是以人为本，把人的生存和发展作为最高的价值目标。

“以人为本”的人学转向是当今中国人文精神研究发展的一次飞跃。人文精神研究的人学转向开启了对人的全面研究，从意识形态争论走向人文科学研究建设，开始对许多问题进行广泛探讨，比如人道主义与异化问题、人的本质与人的价值问题、人的主体性问题、人的全面发展问题等。“人学的最高功能和根本目的之一，就是为当代人类发展实践提供核心的文化理念，即核心的人文精神。”①在这样的时代背景下，新闻传媒也充分认识到人在新闻传播活动中的主体性地位，意识到只有把人的需求和发展作为传播的重心，才能凸显与时俱进的品格。正如中国人民大学新闻学者喻国明指出，传媒经济其实是一种“影响力经济”，传媒的影响力来源于新闻报道真正能以人为本、关注人、尊重人。在新闻传播活动中，以人为本的价值取向逐渐成为主流。从《生活空间》讲述老百姓自己的故事，到《南方周末》“让无力者有力，让悲愤者前行”，再到《冰点》告别精英回归平民视角，现在各类都市类媒体，都开始把关注普通人的生活、普通人的命运，把人作为新闻报道的中心。人文关怀精神在新闻传媒的定位、内容、报道角度、传播方式等方面都浓墨重彩地得以

① 韩庆祥、邹诗鹏：《人学——人的问题的当代阐释》，云南人民出版社 2001 年版，第 46 页。

彰显，新闻的视角前所未有地深入中国社会的微观层面，贴近了社会中的每一个普通人。在一档名为《北京最后的粪桶》的节目中，几乎没有明确的、具备时效性的新闻事件，只记述了五个在繁华都市里脚踏实地地坚守岗位的挑粪工人每天的工作。报道中真实地记录了他们的所思所想、他们的家庭生活和心愿以及他们朴素的人生观，没有任何豪言壮语，没有任何华丽的词藻，但却赢得了受众广泛的关注。探其原因就是该报道中渗透了深切、浓厚的人文情怀。新闻传播人文精神也推动着新闻报道题材的丰富与衍变。新媒体、传统媒体与民间舆论形成合理的立体式新型舆论监督，如对广西南丹矿难、山西黑砖窑事件、福建 PX 事件的曝光等，究其所成，也都是人文精神的胜利。特别是 2008 年有关四川汶川地震的报道，我国新闻媒体前所未有地关注民生与人性，使人文精神得到了充分的倡导和弘扬。

第二节　对“人道就是力量”、“普世价值”等学说的理解

随着思想界人文精神研究的不断深入，关于人文精神的本质、人文关怀的普世性的探讨也日益激烈，出现了一

些新的学说，如“人道就是力量”、“人道主义的普世性”等。

一、“人道就是力量”的解读

人道带给我们每一个人的不仅仅是一种信念、一种价值标准，更是一种无可比拟的力量。在罪恶面前，正义的力量是无比巨大的。但在任何事物面前，我们永远秉持人道，人道的力量同样无穷。“人道就是力量”是对人道主义作为一种伦理原则和道德规范的肯定。

“人道主义”概念产生于19世纪初，是由资产阶级思想家提出的现代社会思潮，但国内外绝大多数学者都认为人道主义是从欧洲文艺复兴以后才正式出现的。人道主义的产生植根于人对美好人性的追求和人性在现实世界中的存在状况的矛盾之中，并逐渐演变为“现代文化的一个构成因素”。[①] 人道主义有广义与狭义之分。广义的人道主义，是泛指一种主张维护人的尊严、权利和自由，提倡关心人、尊重人，高扬人的价值，重视人的价值要求，使人能得到全面而自由发展的观点。这种观点在一定程度上反映了人类社会最基本的人道关系和人道理想，是由整

① 李良荣：《新闻学概论》，复旦大学出版社2004年版，第2页。

个阶级社会中广泛存在着压抑人的自由本性这一客观事实决定的。它贯穿于整个阶级社会的始终，是人类共有的精神遗产，也是人类世代相继的一种进步社会思潮。狭义的人道主义，则是指欧洲文艺复兴时期新兴资产阶级从抽象的人和人性出发提出的一种反封建、反宗教神学的思想文化运动。以上两种观点分歧的实质在于，人道主义是否仅为资产阶级的意识形态，只为资产阶级利益服务。1984年，胡乔木发表《关于人道主义和异化的几个问题》的文章，提出要区别对待两种人道主义：一是作为资产积极意识形态的人道主义，对此必须加以批判；二是作为伦理原则和道德规范的人道主义，对此可以批判继承。

人道主义的含义在各个历史时期有所不同，但在强调“以人为本”、强调人的价值，强调对人关怀等方面是相同的。“尽管人道主义有各种不同的形态，它们共通的东西则是尊重人的生命、人的价值、人的教养、人的创造力、并保卫它们，使它们更加丰富的一种精神。”① 人道主义核心观点是：人本身乃最高的价值或尊严，因此提倡尊重人、关心人，把人放在中心位置，施之以爱；人本身就是目的，主张全面认同人的价值、人的尊严、人的权

① 沈恒炎、燕宏远：《国外学者论人和人道主义》第三辑，社会科学文献出版社1991年版，第650页。

利，视每个人的自由、平等、全面发展为最高目标，强调了在人性基础上的最基本的道德品质。人道主义把人当成一切规范价值得以产生的价值源泉，肯定个人存在的价值，赋予人真正的活力。人道是人类文明的伟大成果，是检验人类文明的标尺。

二、学界关于“普世价值”的争论

“普世价值”又称“普适价值”、“普世伦理”，是对人们共同的价值标准和价值取向的概括。“普世价值”具有三个层面的语义：第一，这种价值具有普遍适用性，适用对象是所有人；第二，这种价值具有普遍永恒性，它不以任何条件为转移，适用于所有时间、所有地点；第三，这种价值是以用普遍必然性的命题（普遍必然判断）来表述的。

关于是否存在“普世价值”，目前国内学界是有分歧的。一些学者认为，这种具有普适性、不变性、必然性的“普世价值”是存在的。人作为一个类存在，应该有一个共同尺度，如涉及人类普遍的生命条件、生存基础和生命特征的价值，包括自然环境、社会物质生产和精神生活的空间等，对任何真正意义上的人来说都是一样的。这种人类共有的普遍价值，从人类社会一开始就存在。随着人类物质生产活动内容的不断丰富，它的具体内容还将扩大和强化。如不要杀人，不要奸淫、不要偷盗，不要撒谎，是所有文明传统或文明社会都承认的，它们关系到人性和社会的根基，是最低限度的、无法取消的。因为否认这几条，人就不成其为人，社会也就不复存在。另外有一些观点认为，“普世价值”是不存在的。价值是一个关系范畴，是客体对主体的效用，体现一种主客体关系。这种关系是具体的，但也是历史的、相对的、不断变化的。在价值关系中，人的主体形态是多层次、多样化的，并且多元化主体自身还处于动态的、发展的过程之中，这就说明作为价值主体的人是具体的、历史的、相对的，因而价值内容、作用方式等也是具体的、变化的。就现有的人类发展史看，还没有一个超越了民族、国家、阶级、宗教等界限的“普世价值”的例证。“真”、“善”、“美”作为一种崇高的价值历来被人们所推崇，但在不同的历史阶段、不同的种族中，它们的内涵也是有很大差异的，这跟特定时代、特定族群的特征是相联系的。那种所谓的“适用于所有人、适用于所有时间、所有地点，不以任何条件为转移的、必然性的”普世价值是不存在的。还有观点认为，西方国家凭借其经济、军事和科技方面的强大优势，打着推行“普世价值”的旗号，在全世界范围内推行它们的价值观，把非西方国家强行地纳入其价值体系。目前流行的“人权高于主权”就是在普世价值的口号下，推行强权政治的典型。这种所谓的“普世价值”往往是某种强权政治的代言词，无疑是强盗逻辑的翻版。

三、人道价值的普世性

价值的存在以主体的需求作为产生的内在根据，随着主体需求的变化发展而变化发展。这种主体的需求反映的是主体的利益，符合主体的需求就是符合主体的利益。价值的本质在于促进人类社会的发展进步，使主体更美好，使人们自由而全面地发展。人道主义价值观的核心是尊重人，爱护人，维护和提高人的权利，价值和尊严，促进人的全面发展，这与“以人为本”思想的内涵是一致的。维护人的尊严、权利、肯定人的价值，视每个人的自由、平等、全面发展为最高目标，是人类最本源的道德需求和道德存在，是人类作为共同的物种所共有的要求，也是人类实践活动所共有的价值，这些基本价值在人类发展的历史长河中通过各种社会的、文化的传播沟通在全社会范围内被设立出来，因而具有“普遍价值”。

学界关于“普世价值”的争议，实质是关于价值的共性和个性的争论。任何价值都具有绝对性和相对性，具有共性和个性的一面，是共性和个性、抽象和具体的统一。资产阶级的人道主义是一种从抽象的人和人性出发，通过人性论的历史观和世界观来表达资产阶级的权利要求。就阶级实质来说，它是特殊的、狭隘的。就表现形式而言，人道主义是普遍的、抽象的，在一定程度上反映了无产阶级和资产阶级作为市民社会的成员所共有的普遍利益和发展要求。人道主义作为人类最一般的价值观念和处理人们之间的同类关系的伦理道德原则是合理的，而这里所讲的人是类意义上的人，是抽掉人们之间的具体的、现实的关系和人们之间的种种现实差别的、抽象的人，人仅仅被当做人看。但是，如果将作为伦理原则和道德规范的人道主义提升到世界观和历史观的高度，把它作为高高在上的裁判用来判断一切，则是错误的。

第三节　新闻传播的多元价值观及其内在冲突

价值现象是人类社会特有的文化现象，价值活动是人类特有的文化活动，是人类为了满足自己的需要而进行的对象性活动。价值是人类在认识世界和改造世界的实践活动中，实践活动主体即人（包括个人和群体）和实践活动对象即客体（包括自然性客体、社会性客体及作为客体对象的人）结成了一定的相互关系，客体以其自身的属性和功能满足主体需要的效应。这里的“相互关系”是指主客体之间相互作用、相互影响的关系，亦即价值关系。“效应”指的是客体属性或功能对主体需要的作用和影响。价值的形成离不开主体的需要和客体满足主体需要的属性和功能，也就是说离不开一定的价值关系，价值是主观和客观的统一，同时也是相对性和绝对性的统一。价值观是人们对价值关系的基本看法和基本观点。价值关系虽然纷繁复杂，但基本的价值关系是生产关系，此外还有政治价值关系、法律价值关系、道德价值关系等。由于人类社会生产力的不断发展、交往的扩大、体制的更新、社会结构的变化，不断冲击着在原有经济方式基础上建立起来的价值关系，人们的价值观出现了由单一到多样、由封闭到开放、由传统到现代的深刻转变。特别是目前处于转型期的中国社会，价值观呈现出价值多元性和无主导性等特征，引发了不同价值之间的激烈冲突，使人们产生了价值比较、选择和整合上的困难，导致了人们价值追求上的困惑、疑虑和徘徊。新闻传播活动也不例外，由于新闻传播活动中利益主体的多元化，各利益主体在市场活动中都要追求自身利益的最大化，必然促使多元利益主体产生多元价值观念，从而形成多重价值观的冲突和碰撞。在传媒活动中，由于政治取向、市场取向与公众取向三者之间的利益诉求往往不在一个平台上，传媒的三种角色之间存在着不可避免的冲突和矛盾。

一、基于“喉舌”角色的政治价值

新闻传播的政治价值是指新闻传播的内容符合党和政府的利益，满足党和政府需要，有利于党的正面形象的构建、有利于国家政策的正面传达、有利于引导舆论向社会稳定和发展的方向扩散。这里的政治价值关系主体名为新闻传播者，实为党和政府，这是由新闻传播的“喉舌”角色所决定的。“有什么样的所有制形式，就有什么样的价值取向，这是新闻业运作中最为明显的一个特征。新闻资产所有制形式决定了新闻传播在整体上必然要维护某种所有制形式所依赖的社会经济制度和政治制度，要维护新闻传播赖以存在发展的文化环境和社会主流价值理念，因为这是新闻资产所有制自身存在的前提条件。”① 在中国，新闻资产的公有、国有性质，决定了新闻传媒必然受制于党和政府，必然在总体上要维护自身所依存的社会主义政治制度、经济制度、文化价值理念等。新闻传播所具有的

① 杨保军：《当代世界新闻业与中国新闻业总体特征分析》，载《浙江工商大学学报》2009 年第 1 期。

对社会日益强劲的渗透和影响力也使得社会中不同的阶级、政党和利益集团希望通过它作为实现自己的经济利益、政治利益的物质手段。为政治服务是新闻传播的政治功能，新闻传播具有鲜明的政治属性，在我国，新闻媒介是党和政府的耳目喉舌。

在阶级社会里，作为舆论的工具，新闻传媒总是代表特定阶级的利益，站在他们的立场，传播他们的声音，表现出浓郁的政治色彩，成为政治形势的晴雨表。中西方的新闻业都是在特定的社会环境包括政治环境中孕育而生的，政治成为新闻业无法摆脱的重要因素。“任何新闻业都……不能没有自己的政治立场和政治利益，更不必说政治集团和机构的掌控。”① 即使是向来以客观、中立标榜自己的美国新闻界，也从来没有放弃过自己的政治立场。1991 年 8 月 2 日，美国著名记者彼得·阿内特在回答 CNN 主持人的提问“一名美国记者在战争时期有义务尽其所能地帮助他的国家打赢战争吗”时，因说了一句“我认为他们（记者）的职责首先不在于为美国效力，而在于告知公众”而被美国新闻界扫地出门，理由是他的言论违背了布什政府的战争政策。在我国，从中共中央的

① 黄旦：《新闻专业主义的建构与消解》，复旦大学出版社 2005 年版，第 99 页。

第一份机关刊物《向导》诞生之日起，中国共产党就强调传媒作为党和政府的机关，在新闻传播活动中要坚持正确的舆论导向，要体现党的意志，同时也要反映人民的心声。毛泽东在1948年4月2日同《晋绥日报》编辑人员的谈话中，反复提到“在报纸上正确宣传党的方针政策，通过报纸加强党和群众的联系”，同时还明确了新闻采编人员的责任和要求，就是要“教育群众，让群众知道自己的利益，自己的任务和党的方针政策”,① 新闻的政治价值日益凸显。在“文革”时期，新闻沦为政治场上权力角逐的工具，新闻成为宣传的附属物。改革开放后，新闻传播的功能开始多元化、多样化、多层次化，新闻传播本位功能得到了前所未有的强化和提升，宣传功能有所弱化，但其耳目喉舌的性质依然没有改变，依然坚守社会主义意识形态原则，坚守马克思主义的指导地位、统率作用，坚持党对新闻事业的绝对领导。1980年邓小平在《目前的形势和任务》一文中明确要求，新闻宣传必须坚持党性原则，党的报刊要成为全国安定团结的思想上的中心。“以正面宣传为主，实现正确舆论引导”，是近30年来中国新闻业非常明确的基本工作方针，新闻传播的政治

① 毛泽东：《对晋绥日报编辑人员的谈话》，载张之华：《中国新闻事业史文选》，中国人民大学出版社1999年版，第444页。

价值依然重要。

新闻传播的政治价值是通过带有政治倾向性的新闻报道、新闻宣传、新闻舆论表达来实现的。具体说就是在新闻传播活动中，坚持正面报道为主，宣传党和政府的路线、方针和政策；维护党和政府的利益，实现党和政府的意志，凸显党和国家的政治立场、政治主张和政治观点；教育人民、引导人民，统一思想、统一意志，将主流意识形态通过宣传、鼓动不断内化为社会成员的政治心理，形成政治人格，沉淀为社会成员文化心理的深层结构，实现人的政治化，从而促进中国特色社会主义的新闻事业建设。

二、基于市场主体角色的经济价值

新闻传播的经济价值是指新闻传媒作为社会文化产业的一部分，在新闻传播活动中通过信息传播，以市场化的手段为媒体获取经济利益，维持媒体的正常运转。这是由媒体的市场主体角色所决定的。

在西方，最早的资本主义商业报纸，一开始就带有商品特征。16 世纪在意大利水城威尼斯诞生的近代商业报纸以肆市行情、船舶班期、天气预报等经济和生活为主要内容，为新兴的资产阶级服务。马克思在 1862 年的经济学手稿中便把报纸与面包、牛奶、肉、啤酒并列为工人每天消费的产品。尤其是面向社会的大众化报纸出现后，办报成了商业行为，报纸也变成了获取利润的商品。“一战”后，随着资本主义自由竞争步入垄断阶段，传媒也走向了垄断，它的经济属性也更为明显。

在我国，早在1949年12月底，中共中央批准了中央人民政府新闻署党组《关于全国报纸经理会议的报告》，批准了《全国报纸经理会议的决议》。这个决议要求当时全国的公私营报纸“必须采取和贯彻企业化的方针”。1978年末，财政部批准了《人民日报》等八家报社实施企业化管理的报告，从此，我国“事业单位，企业化管理”的传媒宏观管理体制开始形成。1979年1月28日，《解放日报》刊登了“文革”之后的第一则报纸广告，在新闻界引起了很大的反响；同年5月14日，“中宣部”发文肯定了媒介恢复广告的做法，大众新闻传媒经营广告获得政策上的支持。1993年6月，中共中央、国务院在《关于加强发展第三产业的决定》中，第一次明确报刊广播电视事业是第三产业。1996年1月，新闻出版署批准了广州日报报业集团的申请。自此，我国大众传播业开始了集团化的浪潮。一大批省市级报业集团如雨后春笋般迅速发展，并粗具规模，成为“自主经营，自负盈亏，自我积累，自我发展”的产业经营主体。随着社会主义市场经济体制的建立，在产业化改革的大趋势下，传媒的市场主体角色已经得到确认，产业属性被人们所认同。传媒产业化强化了传媒市场主体的角色，突出了传媒的经济属性与功能，肯定了其在市场上的主体地位。市场成为我国传媒业近年来长足发展的重要动力，市场手段成为大多数新闻媒体主导型的生存与发展方式。

进入社会转型期后，我国的新闻业由国家财政包下来的计划经济体制生存环境逐渐过渡到必须在市场中获得自身生存发展的市场经济体制生存环境，新闻业面临着全面的、深刻的观念变革、权力调整和利益重组，经受着巨大的制度变迁和体制重构。在经济价值关系中，价值主体是新闻媒体，追求自身经济利益成为媒体的主要目标之一，这不仅是新闻媒体为了维持自身生存与发展的需要，也是激励和督促媒体更好地满足受众的各种信息需求，提高自身运作效率的需要。只有在追求经济利益的基础上才能引进市场竞争机制，通过竞争机制的优胜劣汰激励和督促媒体不断进步。

新闻传媒具有产业特征和经济属性主要表现在这样几个方面：一是媒介产品的生产过程可以组成一定的生产流程，进行批量的生产，因而具有生产特征。二是媒介受众具有消费者特征。媒介生产者可以根据受众需求制作新闻产品，可以通过增加内容、提高质量、改善服务等方式来满足受众多重需要，尽可能多地争取受众，从而形成一定规模的市场需求，不断扩大自己的生产能力。三是媒介运营管理具有企业特征。新闻媒体可以按照现代企业制度来进行生产管理、组织经营，实现经济效益的最大化。四是媒介企业具有直接或间接的竞争关系，其运作具有市场化特征，可以运用市场手段组织生产，配置资源，调节生产、流通、消费、分配等各个环节，使其更加符合市场规律。

新闻传播经济价值的实现是指新闻媒体通过信息传播吸引社会公众的注意力，塑造广泛的社会影响力，从而赢得发行费、视听费，特别是赢得广告商的青睐，然后将公众的“注意力”卖给广告商，获取经济利益，维系自己运作的经济命脉。传媒产业是典型的“注意力产业”，传媒的经济运行并不仅依赖出售自身产品获得全部回报，传媒所获得的最大经济回报来自于“二次售卖”，即将凝聚在自己的版面或时段上的受众“出售”给广告商或一切对于这些受众感兴趣的宣传者等。媒介所吸引的受众的注意力资源才是传媒经济的真正价值所在。新闻传媒经济价值的实现最终于与它是否能够有效吸引受众的眼球密切相关，其实质是强调“受众本位”。

三、基于社会公器角色的社会价值

新闻传播的社会价值是指在社会公共领域中，新闻传媒作为社会公共信息平台，通过新闻传播满足社会公众的信息需要，为社会公众的利益服务。这是由大众新闻传媒的社会公器角色所决定的。所谓“公器”，就是指提供公共物品、维护公共利益的主体。大众新闻传媒的社会公器角色是建立在其公共性和公益性基础之上的，公共性和公益性是新闻传媒作为国家的公共资源所具有的属性之一。

在公共性研究领域作出巨大贡献的哈贝马斯认为：“公共性本身表现为一个独立的领域，即公共领域（public sphere），它和私人领域相对立。”① 在哈贝马斯看来，公共领域存在的构成须具备以下三个条件：一是具有独立人格的个体组成的公众；二是拥有可以为公众发表意见、沟通信息的平台；三是在这个平台上人们可以通过理性辩论就公共利益达成普遍共识。在这里，公共性被界定为：“一个介于国家与市民社会之间的领域，它的基本原则是参与性的、平等的和理性的对话，平等表现在任何人都可

① ［德］哈贝马斯：《公共领域的结构转型》，曹卫冬、王晓珏、刘北城、宋伟杰译，学林出版社 1999 年版，第 2 页。

以进入（非排他的），任何人都是平等的成员，对话必须是在平等基础上的理性的对话。”① 关于公共性研究所涉及社会科学的诸多领域，其所有的研究中都蕴含了社会资源全民共享的思想。从社会学意义上来理解公共性，它应该具有这样一些特点：首先，它是公开的、向公众开放的，已进入公共领域并得到公众认可的；其次，它是为了公众的利益而存在，具有公益性质；最后，它以广泛参与、自由辩论为特征。

新闻传播活动以全社会民众为对象，通过专门的传播机构及时公开地、大规模地为社会公众提供信息接收的机会，人们也可以利用新闻媒体发表意见，沟通交流。从这个意义上说，大众新闻传播具有显著的公共性。其公共性表现在：第一，当今社会传播科技日新月异，大众传播无处不在，并以其快捷、便利的方式满足着社会公众的信息需求，为公众提供着公共服务。第二，新闻媒体掌握大量的社会公共资源，这些公共资源具有非排他性的特点，是公共信息通道、公共交流平台。它营造了一个可供大众共享的空间，受众都有同等的机会和权利使用它，都能够毫无所费地消费它。第三，新闻媒体通过提供信息、舆论监

① 汪晖、徐燕：《“去政治化的政治”与大众传媒的公共性——汪晖教授访谈》，载《甘肃社会科学》2006 年第 4 期。

督等活动强烈地影响着社会公共利益，影响着社会公共生活，具有直接使个体受众受益，间接使社会受益的责任和功效，新闻传播具有为整个社会服务的公共（公益）职能。同时，传媒是某些“稀有”公共传播资源（例如广播电视使用的电波频率、频道等）的使用者，作为公共财产的使用者，应该为公众提供信息服务，同时对社会和公众承担相应义务和责任。“一切媒体都是公共信息传播载体，一切媒体产品都是社会公共产品，一切媒体都是公众舆论阵地，它最大的特点是传播性、共享性和公开性。”① 因此，“新闻媒介是社会公器，是全体公民窥视社会和自然环境的共同管道和从事公共事务讨论的公共论坛”。② 实际上，我国早在20世纪50年代就提出了媒体公共性理念。“《人民日报》在1956年7月1日改版的社论《致读者》中指出：报纸（媒体）是人民公共的武器，公共的财产。人民群众是它的主人。这凸显了媒体的公共性。”③

① 柳斌杰：《现代媒体的社会职能和公共责任》，载凤凰传媒网，http：//media. ifeng. com/school/xiangligang/200812/1205_5150_909750. shtml。

② 展江：《中央电视台新闻频道设计》，http：//ac-ademic. mediachina. net/2003-07-21。

③ 李良荣：《艰难的转身：从宣传本位到新闻本位》，载《国际新闻界》2009年第9期。

新闻传媒的公共性，即传媒的公共所有属性，意指传媒的权利、资产都属于国家的主体——社会公众的。传媒产生、存在的目的是为了公共利益、公共目标、公共服务以及创造具有公益精神的意识形态等。“在现代社会，大众新闻传播拥有广泛的出版自由或新闻自由的权利，包括采访权、编辑权、报道权以及对公共传播资源的使用权等，这些权利甚至超过了社会成员作为个人所享有的权利，成为传播特权的拥有者。应该指出的是，传媒的这些权利是建立在它们公共性和公益性的基础之上的。换句话说，只有传媒作为社会成员和公民实现自己的传播权和知晓权的场所、工具和手段而发挥作用的时候，它们才能享受这些特权；否则，它们的这些权利就失去了任何法理上的依据。”① 这就要求媒体应该超脱于政治利益、经济利益，以实现社会利益为追求，不要成为某些特殊的阶层和利益集团的俘虏，将维护公众的利益作为新闻传播的首要原则，公正地协调和维护国家和人民的公共利益。大众新闻传媒作为“社会良心”的守望者，所追求的应该是社会目标，是大众的公益，这种“公共”的思路，是我们应当坚守的。

① 郭庆光：《传播学教程》，中国人民大学出版社 1999 年版，第 178 页。

新闻传播的社会价值是新闻媒介通过提供公共信息服务，维护公共利益，维护公共话语权的正常行使来实现的。因此，新闻媒介在新闻传播活动中要尽可能及时而充分地为公众提供欲知、未知的公共信息，尽可能地为公众提供发表意见、表达意志的机会，充当公众意见与批评的论坛，充分实现社会公众依法享有的对国家和社会事务实行舆论监督的权利。

四、作为伦理原则和基本道德规范的人本价值是衡量新闻价值的首要因素

（一）新闻价值

价值是主客体在一定的价值关系中，客体属性、功能对主体产生的实际作用和影响。新闻价值指在新闻价值关系中新闻价值客体的属性对新闻价值主体的作用和影响。在新闻传播活动中，新闻价值客体包括新闻事实、新闻文本、新闻事业；新闻价值主体主要包括新闻传播者、新闻接受者、社会。在新闻价值关系中，由于主客体不同，新闻价值的内涵自然也不同。本书所讲的新闻价值仅指新闻事实的新闻属性、功能对新闻传播主体的价值。它是由新闻事实与新闻传播主体需要两个方面来构成的。

按照陆定一的定义，新闻是新近发生的事实的报道。客观世界每时每刻都有各种各样的事情发生，但不是每件事情都可以当做新闻来报道，这就需要新闻从业者根据新闻价值进行选择。新闻价值作为价值大系统中的一种价值，一般价值具有的基本特征它都具备。比如价值的客观性、价值的主体性、价值的社会性、价值的相对性等，但它有其鲜明的个性特征，就是真实。新闻传播的基本任务就是真实而迅速地反映自然与社会最新变动中的重要的情况，为人们的行为决策提供可靠的依据。新闻因真实而存在，真实是新闻的生命，这是由新闻传播的根本要求所决定的，新闻的核心价值就是真实。真实就是新闻报道要与客观事实相符合。新闻以信息传播的特有方式反映着世界，认识着世界，为人和社会提供认识世界的真理性信息，对人和社会产生实际的作用和影响。因此，新闻价值还是一种认知价值、信息价值。由于新闻价值在本质上具有信息价值的特征，新闻传播的新鲜性、及时性、公开性特点使得新闻价值在作为信息价值的表现上也具有鲜明的个性。

在新闻价值关系内部，价值主体虽然是新闻传播者，但其判断新闻价值是以新闻事实的属性、功能是否满足社会公众的利益、需要为标准的。因为新闻从业者的采访权、编辑权、报道权等都是社会公众赋予的，他们受社会公众的委托，将自然和社会中最新变动的具有新闻价值的事实信息报告给社会公众，代社会公众实现他们的知情权、言论表达权等基本的权利。离开了社会公众，离开了新闻接受对象，新闻价值便失去了意义。

（二）新闻传播多元价值的内在冲突

新闻传媒由于其与生俱来的公共性和公益性而被视为一种公共事业，被称为“社会公器”。公共性是新闻传播的本质属性，大众传媒作为全体公民的受托人理应为社会公众提供全方位的信息服务，新闻传播公共性特征是新闻传播的本来面目，这就需要新闻媒介承担应有的公共服务角色职能和社会责任，为社会提供公共物品，维护公共利益，维护社会正义，实现新闻传播的社会价值，这既是社会发展对新闻传媒提出的要求，也是新闻媒介自身发展的客观需要，更是传播之所以为传播的本义所在。传媒的公共性一直是传播文明为之追求的理想。在新闻传播实践中，传媒的公共性却时常被政治和经济双重逻辑所挤压和制约，政治力量和经济力量的不断强化，双重力量的不断博弈，使得传媒保障和推动公共领域的功能日渐式微直至缺失，这也引起了公众强烈的不满。传媒一方面受到政治集团的控制，出于自身利益的考虑，传媒经常会与国家、政治集团或其他利益群体达成妥协；另一方面，传媒又受到商业逻辑的控制，成为迎合受众的商品生产者，因而徘徊于颐指气使的钦差大臣和亦步亦趋、满脸堆笑的服务生之间，往往在社会责任、伦理道德与巨额商业利润的纠结中丧失其社会独立品格，放弃其服务社会公众的责任，最终成为政治和市场博弈的妥协物。在这场博弈中，谁能掌控传媒，传媒就为谁服务。在政治和经济双重力量的裹挟中，传媒的公共性正在缺失。

在现实社会生活中，越来越多的新闻媒体将其目标受众定位为社会上有点钱、有点权、有点文化、有点闲的，追求时尚的所谓“主流人群”，传媒资源更多地向他们倾斜。在有限的传播资源中，给下岗工人、农民工群体、残疾人、艾滋病患者等弱势群体的版面、空间已经被汽车版、房地产版、财经版所占据。越来越多的新闻已经成为广告和娱乐的“囚徒”，成为社会强势群体的“秀场”。大众传媒的公共性逐渐被媒体的一己私利所蚕食。

（三）新闻传播多重价值的内在联系

在新闻传播活动中，由于多重利益主体的存在，从而形成多重价值观。政治价值、经济价值、社会价值都有其存在的合理性，它们由于利益诉求的差异，不可避免地发生矛盾、冲突，但三者之间又存在本质的联系。三者之间的矛盾、冲突是可以调和的。社会价值是大众新闻传播最基本的价值，社会属性是新闻传播最基本的属性，也是新闻传播得以存在的基础，它体现的是大众传媒作为一种社会公共事业的特征。政治价值是大众新闻传播最重要的价值，它体现的是新闻传播作为一种阶级舆论工具的特征。经济价值是大众新闻传播最排他的价值（单纯的经济价值只讲营利，不顾其他），它体现的是传媒业作为一种信息产业经济实体的特征。新闻传播这三种价值之间是一种互为补充、互为制约的关系。社会价值决定着新闻传媒基本的存在形式和行为方式；政治价值决定着新闻传媒的导向和工作原则；经济价值决定着新闻传媒业长远的生存基础和发展潜力。它们形成了一个复杂的综合体系，各自发挥着自己的作用，又制约着其他价值的存在方式和发展状况。政治价值要借助社会价值来体现价值，发挥作用；社会价值要靠政治价值来引导方向，规范行为；经济价值既为社会价值和政治价值提供存在及发挥作用的经济基础与物质条件，同时又要受到它们的制约——政治价值为其把握政治方向，防止其偏离正确的行为轨道，社会价值为其确定运作范围及方式，引导其按照传媒业的特殊规律和要求来组织经营与管理。社会价值、政治价值、经济价值三者之间的关系是内在统一的，不是绝对冲突不可调和的。社会利益、政治利益和经济利益完全可以同时兼顾的。在中国，目前经济效益最好的媒体也都是那些内容非常讲究、风格严谨、负责任的严肃媒体。事实上，媒体在承担社会责任时是可以取得良好的经济效益和政治利益的。这就要求新闻从业者在新闻实践中，把新闻传播的三种价值有机地统一起来，合理平衡三者的关系，使之既在通过商业化、市场化、产业化运作取得应有的经济收益、获取足够的发展空间的同时，又使得其社会责任和公共性的充分发挥得到保障，同时还不偏离正确的方向。

（四）新闻价值是新闻传播价值的核心

在新闻传播活动中，新闻传播价值是新闻传播主体取舍新闻时所表现出来的价值观念、价值立场和价值态度，新闻传播价值决定新闻传播的行动方向，具体表现为在新闻传播中报道什么、不报道什么和重点报道什么及其基本倾向。新闻传播价值有宏观和微观之分：宏观的新闻传播价值指的是在某个时期、某个时代，传媒作为一个整体所具有的新闻价值立场；微观价值则是指在某一具体的新闻传播活动中所表现出的价值取向。改革开放以来的新闻传播价值取向，结合新闻传播的全面转型，呈现出许多新的特点。新闻传播价值摒弃了改革开放前把政治价值作为新闻报道的首要价值的一元价值观，把新闻传播的社会价值、经济价值、新闻价值等都纳入新闻传播价值范围，从而呈现出多元价值的特点。

在新闻传播活动中尽管存在多重价值观，但对于新闻传播来说，它所具有的新闻价值是其他价值的依托和凭借。新闻传播所报道的内容若无新闻价值可言，也就失去了其存在的理由，其他价值的实现便无从谈起。一则事实只有具有新闻价值，才有可能引起记者的关注，才有可能在媒体上刊播。剥离了新闻价值，新闻作品将不成其为新闻作品，也就无法实现因依附着它而得以传播的事实的社会价值。若新闻传播的社会价值被毁损，公众将不再关注新闻，不再将其纳入自己的视野，新闻传播的政治价值、经济价值也就无从谈起。当然，一则事实有很大的新闻价值，但报道后会对社会产生极大的负面影响，这就牵扯到有新闻价值的事实是否适合报道的问题。只有一则事实既具有新闻价值，又可实现其社会价值，符合新闻价值标准和社会价值标准，这样的事实才适合在媒体上刊播。这里的社会价值标准，指的是由新闻作品在刊播以后产生的实际社会效果而进行衡量的标准。举凡从总体上说有利于社会进步的新闻，就合于社会价值标准。当然，也只有新闻传播的社会价值得以实现，进而才能实现新闻传播的政治价值、经济价值。因此，新闻传播价值得以实现的前提是事实必须具有新闻价值。理想的新闻传播是对于所刊播的新闻，既必须坚持新闻价值标准，又必须坚持社会价值标准，应当是上述双重标准的完美统一。正如中央电视台所提出的“把关人既要从社会、政治和文化的角度判断一个节目播出的社会效果，同时也要从职业的角度判断它是否具备可以播出的专业水平”。①

（五）新闻价值服从于人本价值

“价值”反映的是客体对作为主体的人的效用，是一种属人关系。这一概念本身同人的主体地位是不可分的。当人们在任何情况下对任何事物（包括人自己）进行价值判断和价值评价的时候，都是以人们自己的尺度作为评价标准。这个尺度就是人自己的状况、本性、需要、能力等。人是所有实践活动的中心，也是所有实践活动的目的，人具有最高价值。人的本性是自然性、社会性的统一，人的活动既要满足人的物质需求，也要满足人的精神

① 转引自孙玉胜：《十年：从改变电视的语态开始》，生活·读书·新知三联书店2003年版，第146页。

渴望。人因为需要而存在，有“人的需要”才是人，当一个人对什么都不需要时，生命也就不存在了。需要是生命和生存本身的内涵，也是人的本性。人的需要与人的能力等构成人类特有的存在方式和活动基础。人的需要和能力造就了现实的人。人需要的内容和实现需要的能力随个体状况不同而不同，但人总是有自己的需要，并且通过发挥自己的潜能使之成为现实，这一点却是不变的。所以，在一定程度上讲，人的需要和“人性”本身并不是价值，而如何满足人的需要或如何符合人性的尺度才是价值；人类用“价值”来概括自己可以选择、创造和追求的内容，赋予它的含义正是适合于人的尺度或满足人的需要，这就表明价值的本质存在于人和人的主体性之中，只有人才是人类社会真正的主体。人的主体性是一切价值现象、价值问题上的“普照的光”。因此，价值就是以人为本，人类的一切活动都是围绕人自身的幸福和美好追求而展开的，都是以满足人的需要为终极价值。人本价值是衡量一切活动的根据、标准和归宿。我们说“一切价值都是人的价值”，指的是：人是价值活动的主体，是价值活动的目的，也是价值实现者和享有者。人是一切价值产生的根据、标准和归宿，任何事物的价值归根到底都是人的价值。因此，人类的一切价值活动理所当然地、自觉地坚持

“以人为本”，是一种清醒的理性行为。人本价值是人类一切活动中最基本的伦理原则和道德规范。维护人的尊严、权利，实现人的价值、潜能，保障社会公正、提倡交往互惠是人类最本源的道德需求和道德存在，这些基本原则和道德规范通过各种社会的、文化的传播沟通在全社会范围内被设立出来，具有“普遍价值”。

人是新闻传播活动的中心，新闻传播的发展离不开人的关注。人本价值同样也是新闻传播活动中所有价值的根据、标准和归宿。人本价值要求以“人”为新闻思维的主线，把人当成一切价值得以产生的价值源泉，始终围绕人及人的命运来衡量事实的价值和新闻的意义，使新闻多一些人文关怀。人本价值和新闻价值在本质上是统一的。新闻事实只有满足人的需要，符合人的利益才是有价值的，才可以在媒体上传播。传媒只有树立以人为本的新闻价值观，才能保证将真正重要的、有益的东西提供给受众，才能实现理想的传播效果。注重维护人的尊严、维护人的价值、人的权利，以人为本是现代新闻媒体应该具备的最基本的人文素质。一个不能维护人的尊严、人的价值、人的权利的媒体是一个缺少人类良知的媒体，在受众眼里就只能是一个冷酷的传播机器。在新闻传播活动中，新闻价值是判断一则事实是否值得报道的重要因素，但新闻价值不是最高价值，人世间比新闻价值更高的东西有很多，记录正在发生的有价值的新闻，并尽快传播给尽量多的人，这是新闻记者的天职，也是记者作为社会成员为他人、为社会服务的特殊方式。但这并不排除记者在必要的时候，选择对人民、社会更有价值的服务方式，如暂时放下手中的笔，参与到危急的事件中去。女记者曹爱文在采访落水少女的现场，不是先去采访，而是先趴在女孩身上做人工呼吸。虽经多次努力，女孩最终没能醒过来，曹爱文哭了，泪水顺着脸颊滑落，曹爱文被认为是当今中国最美丽的记者。柳涛为拍摄一张在暴风雨中被路上的水坑摔倒的行人的照片，在风雨中等了一个多小时。此事被报道后，遭到大多数人的质疑，认为该记者明知雨水下暗藏大坑而不去提醒路人，道德感太差。当新闻事件与死亡、血腥、惨烈、残忍等联系到一起，媒体和记者如何处理这样的内容和画面，历来是新闻伦理中最有争议的部分。西方新闻伦理界作出了这样的回答："新闻工具不应该把新闻人物当做'材料'看待，而应该把他们当做'人'看待。"① 强调在灾难性新闻报道中尊重人的生命价值，尽可能避免在文字和图片中直接表现"身体恐怖"，因为

① ［美］约翰·赫尔顿：《美国新闻道德问题种种》，刘有源译，中国新闻出版社1988年版，第151页。

“借口新闻专业主义精神，对灾难中的恐怖信息大肆传播，强调恐惧诉求，是违反新闻职业道德规范的”。① 在西方国家如此，在中国更是如此。在新闻传播活动中，当新闻价值与人本价值发生冲突时，新闻价值要服从于人本价值。传播媒介是为人服务的工具，如果某个具体传播行为伤害到人的尊严，损坏了人的权利，贬损了人的利益，增加了人的痛苦，即使新闻价值再大，这个传播行为的意义也值得怀疑。这里的人不仅指人类、社会中的一群人，还包括个人。在新闻传播中，媒体和记者在碰到一些进退两难的问题时，常用功利主义作为行动的依据。那么，媒体和记者是否有权作出决定和选择，通过牺牲一个人的利益去增加其他人的利益或社会的利益？媒体和记者确实要通过新闻传播维护和增加社会利益，但不能以社会利益的裁定者自居，也没有权利对社会利益和个人利益进行权衡判断。每个人都是目的，一个人不能成为另一个人实现目的的手段，这是人本价值的基本原则。在传播活动中所涉及的利益冲突实际上并非都是非此即彼的，而是可以共存的。这就需要媒体、记者的智慧和严肃的责任心。

在新闻实践中，当新闻传播行为伤害了人的尊严，毁

① 阎伟华：《面对新闻道德失范》，载《新闻记者》2006 年第 6 期。

损了人的价值，迫害了人的权利，违背了人性的要求，即使新闻价值再大，也要放弃。

第四节 人本责任作为新闻传播核心责任的考量

著名记者李大同说过这样一句话："我们报道，我们记录，不是因为我们是一些好事之徒，仅仅因为，这是我们对公众、对国家、对历史、对未来，应该承担的一份责任。"① 新闻传播的责任是社会规定，是新闻传播对社会应尽的义务，也是社会不同主体对新闻传播角色的期待。新闻传播作为一种精神交流活动，其本质是为人服务的，对人负责是新闻传播的核心责任。

一、人本责任是新闻传播的核心责任

法国学者贝尔纳·瓦耶纳在其所著《当代新闻学》中，论述了新闻传播在社会中所承担的重要角色和所具有的重要作用。他指出："是新闻形成社会，因为它给社会以形式。是新闻，实际上也只有新闻，能使全社会的单子凝结起来，能使潜在的现象明朗化，能够左右潮流，能够

① 李大同：《冰点故事》，广西师范大学出版社 2005 年版，第 396 页。

引出千百万条件相似的、渴望寻觅知音的人们的共同感应。除新闻外，没有别的东西能把人们连通起来。”① 按照他的观点，整个社会系统因传播而被连接起来，是新闻传播促进了社会的形成，影响人们的思想，沟通人们的情感，使人们产生思想的共鸣和行动的一致，从而给社会以生存和发展的空间。20 世纪人类最大的嬗变是大众新闻传播对人类社会和人类生活的全面渗透。新闻传播作为人类社会特有的价值活动，是人类认识世界和改造世界的武器和工具。新闻传播既改变了人类也改变了世界，人类的生存和发展一刻也离不开新闻传播。事实表明，新闻传播无处不在、无时不有，深深地卷入并影响着我们的日常生活。因此，新闻传播对人类社会的存在、发展肩负着巨大的责任。

新闻媒介机构及其新闻从业者在新闻实践中，要在新闻职业价值观引导下寻找、挖掘新闻价值，报道事实信息，承担职业责任，还要承担重要的法律责任、道德责任、政治责任、经济责任等。尽管在选取新闻素材，评判新闻价值，传播新闻事实信息时，会受到新闻媒介机构及其从业人员的价值取向和道德取向的影响，但社会责任、

① 贝尔纳·瓦耶纳：《当代新闻学》，丁雪英等译，新华出版社 1986 年版，第 17 页。

公共利益、社会伦理道德是不可能因此而舍弃的，这些是新闻传播作为社会大系统中的一个子系统与其他系统发生关系并使这种关系得以存续的前提。而社会责任、公共利益、社会伦理道德所遵循的核心观念就是“人本责任”，是“以人为本”。秉承人本意识，坚持以人为本是新闻媒介及其从业人员新闻传播活动的终极价值与意义所在。新闻传播行为应具备高度的人文关怀，新闻传播价值、新闻职业价值与新闻伦理道德若失掉了人本意识与人文关怀，也便失掉了自身存在的价值和意义。对人类社会的使命感、责任感，对人负责，以人为本应是新闻从业者伦理道德的核心追求，也是新闻传播的核心责任。

二、人本责任是新闻传播弘扬人文精神的依归

人文精神是人类对自身精神的一种自觉养育和守护，是人性的展现，体现了人类对于真善美的永恒追求以及在这种追求中的自由本质。改革开放以来，我国关于人文精神的研究不断丰富，对人文精神的内涵提出了许多不同的见解，尽管仁智互见，但其本质、核心的东西却是人们共同认可的。那就是，人文精神是对人的存在的思考，是对人的价值、人的存在意义的关注。它把对人的价值、尊严、权利的维护，把符合人性的生活状况的肯定和塑造看做自

已追求的终极目标，其核心就是以人为本。人文精神更多的是形而上的，属于人的终极关怀，显示了人的终极价值。

按照李普曼的探照灯理论，社会生活中发生的事实一旦被媒体报道，就得到了放大和强调。由于大众新闻传媒公开性和社会性的特性，它所传播的态度、观点、情感会对受众的行为起重要的示范作用。传播学效果研究已证明，媒体有建构社会环境的功能，能潜移默化地影响大众。传媒的信息生产和传播活动对社会的政治、经济和文化道德具有广泛而强大的影响力，这种影响力已渗透到普遍的社会秩序和社会公共生活中。今天，随着社会的飞速发展，大众传播技术的广泛应用，人类对媒介环境的依赖程度快速增升，大众传媒作为服务人类社会的工具，可以满足人类善的需要，也可以服从恶的需求，这就需要为新闻传播注入人文情怀，使其服务于人类的善。在新闻报道中，应做到如下几点：尊重人的生命，尊重人的价值，关注人的生存和需求，唤醒大众的良知和正义感，弘扬社会的人文精神，协助社会道德体系的建设和完善，为人的全面发展创造良好的人文环境。

新闻传播中的人文精神以一种相对比较抽象的观念指导着新闻传播实践，作为一种实践观念，人文精神通常是由目的观念与手段观念共同构成的统一观念系统。其目的观念和手段观念往往由多个要素构成，目的要素规定着人文精神的追求和理想、所期望实现的目标，内含着建构人文精神之主体对人文精神坚定不移的信念，是精神主体价值理念的反应和体现。手段要素保证着目的的实现，一种目的一旦失去了手段的保障，就变成了空中楼阁。目的要素和手段要素的有机统一，构成了人文精神的基本内容。新闻传播人文精神的目的要素就是：人是新闻传播活动得以产生、发展的主体性因素，新闻传播的最终目的就是为人服务，这是人文精神的宗旨。新闻传播人文精神的手段要素就是：在新闻实践中坚持以人为本，践行人本责任。即在新闻传播活动中，尊重人，包括尊重人的生命、尊重人的权利、尊重人的价值；关心人，即关心人的命运、关心人的生存状况；理解人，即理解每个人的具体处境和个性，承认人们之间的差异；尊重人性及人的独立人格；维护人的正当利益，把人作为价值尺度来衡量事实的价值和新闻的意义。所以，人本责任既是新闻传播人文精神的目的，也是弘扬新闻传播人文精神的手段。

和谐社会构建必须有和谐的文化氛围和人文精神，这是一种普遍的人类自我关怀。人文精神对人类文明、社会进步、国家富强具有巨大的推进作用。新闻传播通过人文精神的弘扬，可以提升其在社会中的影响力，从而有效实现新闻传播的各种功能。而新闻传播人文精神的弘扬是通过新闻传播主体在新闻传播实践中践行人本责任最终得以实现的。

三、人本责任是引起受众关注的起点和归宿

新闻传播的本质是为“人”服务。这里的“人”从广义上讲，就是指类意义上的人、社会意义上的人和作为个体的人的统一；从狭义上讲，就是指新闻传播的受众。新闻传播是通过新闻受众的接受完成其社会功能的。由于大众新闻传播具有“外部性”特点，它可以通过影响受众来影响周围其他的人，进而影响整个社会。受众是新闻传媒最大的资源所在，失去了受众，新闻传播也就失去了存在的意义。

新闻传播所关注的事大多与人的生存和发展有关，新闻从不问津与人完全没有关系的事实。也正是新闻对“人”的存在的关注，才引起社会公众对新闻的关注。1830年便士报产生后，新的新闻观念才开始产生，并被引入新闻业当中。《纽约太阳报》的创办者本杰明·戴的出版宗旨是：一是刊载新闻；二是置于公众之前，即为公众服务；三是传输广告。莫特认为，在实际的操作中，新闻、公众、广告三者是连为一体的。报纸只有刊登反映普

通人生活、关注普通人命运的新闻，才能真正置于公众之前；同样，只有真正置于公众之前，广告业务才能源源流来而不竭。便士报新闻观念的变化恰来自于其读者对象的变化，即不仅把普通人纳入报纸读者的范围，而且让普通人占据了报纸运转的中心，而不再是党报时期的那些政治显赫人物和他们的争论。因此，舒特森（Michael. Schudson）把便士报的“新闻就是普通人每天平常生活”这一原则称为“以民生的态度对待世界上所发生的事件”的一个开端。1992 年，随着社会主义市场经济体制的确立，我国新闻媒介的产业属性得以确认，新闻媒介开始走向市场。市场必然带来竞争，而竞争的直接目的是争夺受众。竞争给媒介带来的显著变化之一就是受众中心地位的确立，新闻媒介从过去的传者为主逐步向受者为主方向转型。随着新闻传播本位功能的回归，新闻受众由从前那种被动的接受者，成为“使用与满足”新闻传播的主动接受者，他们在消费媒介的同时，也在选择着媒介，成为媒介命运的决定性力量。随着受众媒介素养的提高，自主性、独立性意识日益增强，他们对媒介的使用越来越理智，“知情权”概念深入人心，“受众中心说”和受众本位新观念被普遍接受。以受众为本位，就是以普通的受众为大众传播活动的中心，以受众作为传播的出发点和最终归宿，即从受众的需求出发，以受众的满足为终点。受众本位的观念意味着受众在大众传播中是第一性的，受众本身就是目的。而要真正实现这一目的，就要求新闻传播的本位回归到人，坚持以人为本。

新闻传播只有坚持以人为本，践行人本责任，才能引起受众的关注。不管是作为消费者的受众，还是作为社会公众的受众，受众关注新闻永远是因为新闻报道与他们的生活、工作、生存状况有关，他们关注的永远是与人有关的事实，有人情味的事实，体现人类正义、鞭挞人类丑恶的事实。《南方周末》提出“让无力者有力，让悲愤者前行”，“你的希望就是我们的希望，你的苦难就是我们的苦难”等口号，深刻反映出其“天下兴亡，匹夫有责”的忧国忧民之心。它以“社会良知守望者”的姿态全方位、多角度地透视社会，关注人性、人情，敢于揭露社会问题，鞭挞社会丑恶，引起人们的思考和重视见长。“关注民生和理性思考是赋予传媒人文关怀的两大方向，《南方周末》为弱势群体和普通人群的民生代言的立场，以及传承知识、拓展公众理性的追求，使人文关怀逐步进入其话语空间，成为传媒的自觉追求。”① 《中国青年报》

① 司景新、黄宣传：《民生立场和理性力量析〈南方周末〉的人文关怀》，载《新闻采编》2001年第4期。

的专栏《冰点》以“普遍关注”为突破口，以报道普通人中不普通的命运为显著特色，它不畏权势，关注普通百姓，彰显人性的价值、生命的尊严和人生的意义，弘扬社会正义，从而深受读者喜爱。这些媒体受读者欢迎的深层原因就是它们始终坚持人本意识，践行人本责任，关注民生、民情、民意，一切以人的身心健康为出发点，以人和社会的全面发展为目的，真正做到了“以人为本”，从而引起了人们的普遍关注。

新闻传播只有坚持以人为本，践行人本责任，才能真正满足受众的需要。新闻传播因人的需要而产生，也因人的需要而发展，并以满足人的需要为最终目的和归宿。“需要是人类发展最为原始、最为根本的动力。人类的一切活动，都是为了满足人类的不同需要而进行的，人类活动领域的不断扩展，意味着人类需要领域的不断扩展，人类需要层次的不断提高，意味着人类文明的不断进步。新闻需要既是人的客观需要也是人的自觉追求，既有普遍性，也具有特殊性，并且是不断变化发展的。”① 新闻传播把受众比喻成上帝，尽最大力量去满足受众的需要这没有错，因为新闻传播活动就是要为公众提供满足其需要的

---

① 杨保军：《论新闻需要的构成》，载《新闻大学》2002年秋季刊。

服务，并且在市场经济条件下，传媒要想生存和发展，就要以市场为中心，以满足受众需要为目的。但受众的需要有合理和不合理、正当和不正当、理性和非理性、客观和主观之分，新闻传播的“受众本位”并不是一味地去迎合受众，只要受众需要我就提供，这种理念是错误的。人的需要并非天然合理，负责任的新闻媒体只应该满足受众合理的、正当的新闻需要。而要做到这一点，新闻传媒必须坚持以人为本，切实履行人本责任，本着为受众的身心健康负责，为受众的生存和发展负责去选择、去传播受众真正需要的新闻。在当下的新闻实践中，恶俗新闻、血腥新闻充斥着一些媒体，终其原因就是这些媒体为了自己的一己私利，在满足受众需要的幌子下，做着与专业精神不相称的事情，遵循纯粹市场逻辑的路径，和那些投机钻营的商人一样，市场上需要什么，他们就生产什么，市场逻辑就是他们的新闻逻辑。而真正对受众有价值的、对人们有意义的新闻被他们搁置，这样的媒体最终会为受众所唾弃。

历史和实践证明，新闻传播只有始终围绕人文关怀宗旨，一切以人的身心健康为出发点，以人的全面发展为目的，践行人本责任，才能使新闻报道的内容与受众产生共鸣，才能被受众所关注和接受。

四、人本责任是传媒塑造自身品格的重要因素

传媒的品格反映了传媒的思想境界和精神追求，并通过传媒的公信力得以体现。具有优良品格的传媒在社会公众中具有极高的公信力。传媒的公信力是媒体赖以生存和发展的基础，也是衡量传媒的受众亲和力、市场竞争力和社会影响力的重要指标，它直接影响着媒体的生存与发展。传媒公信力的来源和支柱是真实、客观、公正的报道；媒体的责任则是其公信力的基石。

（一）传媒品格对传媒自身的影响

传媒的品格是传媒在长期的发展过程中形成并通过新闻作品反映出来的，它是传媒通过长期真实、客观、公正的新闻报道，服务公众的舆论导向，弘扬社会正义的人文精神及忠诚地履行传媒的责任来完成的。具有优良品格的传媒在社会和受众中具有极高的权威性、信誉度和深远的影响力。传媒的品格是传媒的灵魂和根基，传媒品格的提升从新闻传媒自身的生存与发展来看，具有十分重要的意义。

首先，品格的提升有利于传媒塑造自身良好的媒介形象，赢得公众的信赖，进而获得充足的无形资产，为媒体

的可持续性发展获得资源支持。传媒的生存与发展既有赖于“有形资产”——人力、设备、资金等的保障，更有赖于“无形资产”——声望、权威、社会形象等的支持。当下，越来越多的媒体开始注重自身品格的塑造，通过公正、专业、人文的传播提升传媒的品格，获得社会公众的认可和支持，进而获得一定的社会声望，而这声望本身就成为新闻传媒宝贵的无形资产。这种声望本身就会产生权威感、号召力、影响力，进而不断地获取各种社会资源，并将这些资源转化为媒体发展的动力。

其次，品格的提升有利于新闻传媒对于各种复杂社会关系的协调。由于传媒的公共性、外部性等特征，各种社会力量都不可能放弃对它的需求与控制。正如英国学者雷蒙德·威廉斯所说：“我们不能把决定看成是一个单一的力量，或者是诸种力量的一个单一的抽象，而应该把它看做一个过程，在这一过程中，诸如真正的决定因素——权力与资本的分配、社会和物质的继承、集团之间规模与大小的关系——均会设置种种限制并施加种种压力。”① 新闻传媒拥有自己的相对独立性，作为“责任主体”，它必须审时度势而又负责任地作出自己的选择，在与各种关系

① 转引自［英］尼克·史蒂文森：《认识媒介文化——社会理论与大众传播》，王文斌译，商务印书馆2001年版，第38页。

的博弈中，坚守服务社会公众的公共精神，遵循社会普遍的“伦理规范”和“道德约束”，努力提升其品格，以获得社会较高的认同度，并形成“权威”的形象，才能应对各种社会力量的控制，协调各种复杂社会关系进而获得生存与发展。

最后，品格的提升有利于建立和营造良好的新闻生产和传播的秩序。新闻活动是由新闻的采集、制作、发布、反馈等多个环节构成的，并在这些环节有序的、和谐的合作中完成。其中所有环节的合作，都需要有符合新闻传播规律的秩序的保障和一个健康的、人文的生产与传播的“氛围”，这也是新闻传媒生存与发展不可或缺的重要组成部分。传媒品格的提升有利于增强新闻工作者职业感、敬业感、事业感和责任心；新闻工作者在这些品德的内化过程中，使新闻生产与传播的秩序、氛围得到有力的保障和维护。

（二）传媒品格的塑造

从长远发展来看，品格是传媒最宝贵的资产，是传媒在日益激烈的市场竞争中取胜的关键，也是媒体保持持久竞争活力的不竭源泉。为此，媒体应克服短视行为，致力于确保报道内容的真实、客观、公正，提高新闻信息产品的品位，树立媒介自身的权威形象，塑造并不断提升自己的品格。

新闻传媒优良品格的形成来源于媒体对新闻真实、客观、公正的职业精神执著坚守，来源于公共利益至上的公益精神不懈追求，来源于维护社会正义、鞭挞社会丑恶的人文精神的长期弘扬。而这一切的实现前提就是人本责任的忠诚履行。只有在新闻传播活动中秉承人本理念，坚持以人为本，才能真正做到新闻报道的真实、客观、公正，才能在公共利益和媒体私利发生冲突时“舍己为公”，才能在正义和邪恶的较量中坚守正义。

西方传播效果研究领域提出的“媒介等同理论”谈到一个观点，即“媒介的人性化”问题。[①] 该观点认为，人们在与媒介的交往过程中，会引起心理上一种自然的社会反映，引发人们对媒介的某种情绪（这种情绪也许有时你意识不到），这种情绪进而又引发人们与媒体的交往行为，即无意识的“主体间”交往。就是说，在人们眼里，新闻媒体不是冷冰冰的机器，而是具有人格特点的。人们总是喜欢与那些载有人文情怀的、负起人本责任的、具有优良品格的媒体交往，没有人性的媒体无法得到人们

① 参见梅琼林、张晓：《“媒介等同”—从研究效果到理论建构》，载《新华文摘》2007 年第 3 期。

真正的认同。新闻媒体的道德品格如同一个人的德性和德行一样，会影响人们对它的感知、判断和选择。开播于1996年的凤凰卫视经过十余载的发展，因秉承人的权利至上、人的价值至上的人文理念，践行人本责任，赢得了全球华人的关注和赞誉，已经成为华语媒体中的一个品牌。凤凰卫视之所以成为华语媒体的一面旗帜，究其原因，正如凤凰卫视董事局主席刘长乐在“2004·中国新视角”搜狐年度高峰论坛的致辞中所说：“凤凰卫视一贯把人文关怀作为我们的理想和目标。我们应该在我们的旗帜上写上‘发现人的价值、尊重人的价值、张扬人的价值’。”

第三章　新闻传播活动中人本责任之实践

新闻传播人本责任是通过新闻传播主体，即媒体管理者、媒体、记者具体的新闻传播实践来完成的。这就要求媒体管理者在宏观政策的制定上坚持以人为本，媒体组织在中观层面即制定编辑方针、分配话语权、议程设置及新闻把关上体现以人为本，媒体记者在微观层面即新闻采写中履行以人为本。

第一节　新闻传播在宏观层面人本责任之诉求

新闻传播在宏观层面的人本责任主要体现在：政府在制定新闻传播政策时，要坚持公共信息的透明，充分满足社会公众的知情权；调动一切社会力量，切实保障社会公众的媒介接近权；加大对西部欠发达地区的扶持力度，合理、公正地配置媒介资源。

一、坚持信息透明——充分满足公众的知情权

党的十三大政治报告中提出一句口号：重大情况让人民群众知道，重要决定经人民群众讨论。告诉人们真相，让人们知道发生了什么就是最大的人文关怀。坚持信息透明，充分满足社会公众的知情权是以人为本应有的题中之义。

新闻自由的本质是信息的自由流动，是信息的公开、透明，是意见的自由表达。经济学家陈志武以大量实证研究证明：信息的自由流动是资本、劳动力、土地这些稀缺资源自由流动和合理配置的前提和条件。他由此得出结论：自由的新闻媒体是市场经济的必要制度机制。[①] 因此，要建立公开、公正、公平的市场，就需要新闻信息的公开、公正和公平。而新闻报道要真正做到公开、公正、公平的前提是建立一系列保障体系，使媒体能够通过公开的渠道获得他们所需要的信息，从而满足公众的知情权。知情权是新闻自由实现的前提。

知情权的概念是“二战”时期美联社记者库柏提出来的，鉴于政府在战争中实行新闻控制造成民众对战事无

① 陈志武：《媒体、法律与市场》，中国政法大学出版社 2005 年版，第 2 页。

法知晓，他呼吁政府尊重民众的知情权，并建议将知情权列为宪法权利。① 在我国，胡锦涛在党的十七大政治报告中首次以官方的形式全面阐述了知情权，原文是："扩大人民民主，保证人民当家作主。人民当家作主是社会主义民主政治的本质和核心。要健全民主制度，丰富民主形式，拓宽民主渠道，依法实行民主选举、民主决策、民主管理、民主监督，保障人民的知情权、参与权、表达权、监督权。"② 知情权作为公众的一项民主权利、政治权利被官方文件确认。知情权有广义和狭义之分，从狭义上讲，仅指公民、法人及其他组织对国家行政信息要求知晓的权利。从广义上讲，指公民、法人及其他组织依法所享有的要求义务主体公开一定情报的权利和在不违法的情况下获得各类信息的自由。知情权的首要对象是社会公共事务，国家和政府大事，也包括与民众切身利益相关的各种事项，其目的是保证人民当家作主。知情权是公民一项基本政治权利，公民有权知道他应该知道的事情，国家应最大限度地确认和保障公民知悉、获取信息的权利。公民行使自己的知情权的基本形式是公民在法律不禁止的范围内

---

① 参见宋小卫：《美国情报自由法的立法历程》，载《新闻与传播研究》1994 年第 2 期。

② 胡锦涛：《高举中国特色社会主义伟大旗帜，为夺取全面建设小康社会新胜利而奋斗》，载《人民日报》2007 年 10 月 16 日。

以有偿或无偿的方式自由地选择、获知各种信息。当然，公民知情权的范围是有限度的，不能滥用知情权，那些涉及国家安全、政府机密、个人隐私等与公共利益无关的事项是被排除在外的。为了保障公民的知情权，国务院于2008年5月1日出台并开始实施《中华人民共和国政府信息公开条例》。为落实条例精神，胡锦涛在讲话中指出："要完善新闻发布制度，健全突发公共事件新闻报道机制，第一时间发布权威消息，提高时效性，增加透明度。"① 在我国，宪法明确规定人民享有参政、议政的权力，而知情权则是人民行使参政权的前提和基础。在现代社会，公众对公共事务的了解在很大程度上依赖于大众传播媒介，新闻传播是实现、保障公民的知情权、参与权、表达权、监督权的重要途径。新闻传媒所应负的最低责任就是通过及时、公开的信息传播，满足公众对于知的权利，知的权利已成为人的一种基本的权利，越是教育普及、资讯发达的开放社会，公众获知欲望就越强。"受众有权要求大众传播媒介提供其作为社会一员所应获得的种种真实信息，有权及时得知政府、行政机构等有关公共信

① 胡锦涛：《在人民日报社考察工作时的讲话》，载《新闻战线》2008年第7期。

息和国内外每天发生的重大事件或有意义的事件。”① 在具体的新闻实践中，公众知情权的获得程度，通常与一个国家在一定时期新闻控制政策有关。从某种意义上说，公众知情权的维护需要政府和媒体的共同努力，而首要的是，国家在条件允许下保证信息公开。一个民主开放的社会，需要在公共事务上给予媒体充分的表达权。而表达权是实现保障公众知情权的前提。

在现代社会，信息已成为比物资或能源更为重要的资源，对人们的行为决策和选择具有重要意义，是决定每个人发展与进步的重要因素，从某种角度说，知情权是人之为人的保障，是人类不可或缺、不可剥夺的基本权利。在人类的实践活动中，作为个体的人必须对自己的选择负责，个人的生存与发展主要取决于自己的判断和选择，要做出合理的决策，实现自己的最大利益，必须获得社会发展和变化的充分信息；否则，决策就会无的放矢，达不到预期的效果。当今社会已进入一个高风险时代，随时都会有一些意想不到的事情发生，在一个不断变动的环境中生活，如果得不到足够的信息消除不确定性，人们就会惶恐

① 金晓春：《受众知情权保障中的媒体责任》，载《当代传播》2005年第3期。

不安，生活在恐惧之中。在2003年“非典”前期，政府对信息的封锁导致人们的极度恐慌就是例证。有时，信息还关系到人民生命财产的安全，及时报道，就是拯救生命、拯救财产。2008年汶川地震相关信息的及时、公开报道，不仅为抗震救灾工作的顺利进行提供了有力保障，还使许多鲜活的生命幸免于难。因此，“以人为本”首先要求充分保障社会公众的知情权。坚持信息及时准确、公开透明是按新闻规律办事的要求，是保证人民知情权、参与权、表达权、监督权的要求，是人本责任的要求，应该形成制度长期坚持。

二、保证公众的媒介接近权

知情权是公众参与权、表达权、监督权实现的前提，而媒介接近权则是公民这些权利最终得以实现的保障。媒介接近权同样是公民的一项基本权利。媒介接近权是指“一般社会成员利用传播媒介阐述主张、发表言论及开展各种社会和文化活动的权利，同时，这项权利也赋予了传媒应该向受众开放的义务和责任”。[1] 媒介接近权的概念始于20世纪60年代的美国，美国学者J. A. 巴隆在《哈

① 郭庆光：《传播学教程》，中国人民大学出版社1999年版，第179页。

佛大学法学评论》上发表了《接近媒介——一项新的第一修正案权利》一文，第一次提出了“媒介接近权”的概念。1973 年，他又出版了《为了谁的出版自由——论媒介接近权》一书，对这个权利的概念进行了系统的论述。媒介接近权的核心内容是要求传媒必须向受众开放。传媒接近权概念提出 40 年来，虽然尚未形成法律上的明文规定，但至少在三个方面产生了普遍影响：“第一是‘反论权’，即社会成员或群体在受到传媒攻击或歪曲性报道之际，有权要求传媒刊登或播出声明。第二是‘意见广告’。为了争取受众的好感和信任，目前很多印刷媒介在不同程度上以收费的形式接受读者要求刊登的意见广告。第三，体现在多频道有线电视领域，一些国家在发放有线电视系统经营许可证之际，规定必须开设允许受众自主参与的‘开放频道’的附加条件。”①

媒介接近权基本的前提是肯定人的存在，重视人的尊严和价值，重视人的主体地位。它把人视作权利的主体，强调人是媒介的使用者，媒介服务于人的生存、发展的需要。大众传媒因其公共性、公益性的特征，应当向一般民众开放，真正的新闻自由一定是允许社会公众自主参与

① 郭庆光：《传播学教程》，中国人民大学出版社 1999 年版，第 179 页。

的。公民媒介接近权的价值主要体现在四个方面：第一，该权利是实现公民言论自由的保证。当今社会，大众媒体以日益强劲的影响力渗透到社会生活中，利用媒体发表意见、交流思想是实现公民“公共话语权”的主要途径。第二，该权利有利于制止公权力的擅权，维护社会公正。利用媒体进行舆论监督，用权力制约权力是遏制社会不公的有效途径。第三，该权利有利于社会公众参政、议政。现代社会一般公民很少有直接参与政治的机会，利用媒体参与社会事务的管理是大多数人唯一的途径。第四，该权利有利于发挥媒介社会“排气阀”作用。公民利用大众媒介表达意见、反映情况、宣泄不满，有利于社会的稳定；相反，压制、限制人们言论自由表达，时间久了则会成为社会安定的“隐患”。由于公民“媒体接近权”具有上述价值，因而各国政府都十分重视。

在我国，传媒实行社会主义公有制，国家一切权力属于人民，人民是国家的主人，媒介应成为全心全意为人民服务的工具，从原理上来说是不存在公众的媒介接近权问题。在现实的新闻实践中，政治的强势使得媒介的政治接近权、代表接近权都优先于公民个人对媒体的接近权。同时，随着市场经济的发展，当媒体有了自己的利益。媒体的利益与受众的利益发生冲突时，受众的权利往往是被搁置的。媒体资源的有限使媒介时常被一些强势力量所左右，普通公民在公共媒体上难以获得表达的机会，处于弱势地位的声音在媒介上就更难以听到，媒介接近权和使用权方面存在着严重的歧视，公众开始对媒介身上越积越厚的权力色彩忧心忡忡。这就需要政府制定相应的政策、法规，加强对媒体的监管，防止强势阶层对公民媒体接近权的侵害，培育社会公众的媒介素养，切实保障公众的媒介接近权。在媒介时代，大众传媒是促使人们思想、观念发生变化的主要因素，而公众对媒介的选择性接触又反作用于传媒，直接影响着大众传播主导性作用的发挥。随着人们对传统主流媒体的不满和不信任程度的增加，人们表达自己的愿望日益强烈，网络以其传播空间全球化、传播方式交互化、内容更新实时化、传播手段多媒体化、传播者多元化和受众主动化等特点成为人们发表言论、交流思想的主要方式。网络在世界范围内的崛起，象征着媒介接近权的里程碑式的进步。它是对媒介作为社会公器这一基本性质的再次确认。更为重要的是，传播景观的变动促进了公民新闻的兴起，任何人都可以在网络中找到自己表情达意的一席之地。在网络中任何人都可以是记者，这就弱化了传统媒体高不可攀的神坛光环，网络传播正在以自己的方式进行着公民对传媒接近权的突破。当然，网络传播的低门槛和网络上信息准入的宽松，使得人们在发布信息时很少考虑行为的后果，语言的粗俗、信息的虚假，从整体上降低了网络传播的影响力，影响了受众“接近权”的更好实现。

按照以人为本的价值观，媒体作为一种公器，理应对社会公众开放，成为公众诉求表达的一个平台。

三、合理配置媒介资源

媒介资源是新闻媒体进行新闻传播活动的基础和保障。媒介资源是指：“新闻媒介自身所拥有的新闻传播资源，具体包括资金、人才、设备、技术、载体、品牌、社会关系等。”① 合理配置媒介资源有利于我国新闻媒体整体功能的发挥，有利于新闻信息在全社会得到共享，从而推动社会的进步与和谐，实现所有人的全面发展，这也是新闻传播人本责任的要求。

（一）我国媒介资源配置的特点

资源配置就是指如何把有限的资源分配到社会需要的地方中去，使有限的资源产生最大的效益。资源配置研究源于经济学理论的“稀缺规律”，萨缪尔森认为：“经济

① 蔡雯：《新闻报道策划与新闻资源开发》，中国人民大学出版社2004年版，第7页。

学的精髓在于承认稀缺性的现实存在，并研究一个社会如何进行组织，以便最有效地利用资源。"① 稀缺这一事实存在表明人们想要消费（物品）的数量远远高于经济所能生产的数量。在经济社会中，物品是有限的，而需要则是无限的。由于没有足够的资源生产出人们想要消费的所有物品，因此物品是稀缺的。资源稀缺规律在大众传媒产业中同样存在。原材料的匮乏、新闻人才的不足导致新闻生产成本增加，媒体对受众市场的争夺、频道频率资源的有限导致政府对申办电台电视台的法律规制，这些都是由于媒介资源紧缺所致。

在经济学中，资源配置是指以市场的供求以及因供求变化引起价格的变动来配置各种资源。在我国，媒介产业因具有鲜明的意识形态属性而不同于一般的产业，它所负载的政治功能使媒介产业比普通产业更为注重社会效益，国家对它的调控力度也远大于其他产业，仅仅从经济学的角度来计算资源投入产出的边际效益是不现实的。同时，我国媒介条块分割多，行政级别复杂，政治责任重大，单个媒体不可能仅仅依靠市场来实现全方位的资源整合，实现媒介结构的优化。因此，我国媒介资源的配置主要依靠

① 保罗·萨缪尔森、威廉·诺德豪斯：《经济学》，萧琛等译，华夏出版社 1999 年版，第 2 页。

政府通过有关政策和行政手段等政治行为来完成。

我国媒介资源的配置在改革开放前以计划方式占绝对主导地位。中华人民共和国中央人民政府政务院于1949年11月1日成立了新闻总署，负责管理全国的新闻事业，1952年2月撤销，由文化部管理。新闻总署在短短两年多的时间里，初步建立了全国广播收音网，统一了报纸邮发办法，规定报纸采用新华社稿件，对电波资源、发行资源、媒介产品资源都发布了统一的政策文件，从而奠定了我国传媒业以计划方式配置媒介资源的基础，在随后30多年的时间里成为我国传媒界资源配置的主要方式。改革开放后，我国新闻媒体逐渐走向市场，媒介资源的配置在微观层次以市场配置为基础，即在恪守我国传媒制度的前提下，在内部信息资源配置、采编机制改革、人事管理创新、经营理念更新等方面以市场为主。在宏观层次仍以计划调节为主，在传媒结构布局等资源配置的宏观问题上，按照国家计划、行政命令，由政府来统一配置资源。

（二）我国媒介资源配置的不平衡

媒介资源的配置应以社会公众利益为基础，尽最大力量满足社会大多数人的媒介需要。目前，我国在媒介资源的配置上不平衡、不协调。这种不平衡主要表现为西部和东部及沿海地区的差异、城乡之间的差异，这是由经济发展的不平衡造成的。资本天生向优势媒体倾斜的特质使得经济发达地区的传媒保持强盛和更快的发展势头，不发达地区的传媒机遇少、竞争力弱、发展缓慢。据《中国传媒发展指数报告》(2008）显示，2006年日报期印数最多的省份分别是广东、浙江、江苏、山东、辽宁等省，处于最后的是西藏、青海、宁夏、海南、贵州等省。① 2006年全国平面媒体广告额平均值为11.17亿元，位于前六位的分别是广东、北京、上海、江苏、浙江、山东，位于后六位的分别是西藏、宁夏、青海、海南、内蒙古、广西。2006年全国广播电视广告各省（市区）平均值为13.45亿元，处于前列的依然是广东、江苏、山东等省，排名靠后的依然是西藏、青海、宁夏等省（区)。② 报告还显示，在传媒发展指数（传媒发展指数包括日报期印数、广电广告收入、报纸杂志广告收入、年电视播出时间、千人日报拥有量等18个评价指标）综合得分排名中，处于前列和最后的依然是上述省（区)。从媒介资源拥有和信息的提供来看，我国广大农村媒介资源匮乏。从平面媒体看，

① 参见喻国明：《中国传媒发展指数报告》，社会科学文献出版社2008年版，第25页。

② 参见喻国明：《中国传媒发展指数报告》，社会科学文献出版社2008年版，第31～33页。

根据新闻出版总署公布的数据，2001年全国的报纸有2111种，其中全国性报纸210种，面向农民，服务农业、农村发展的报纸只有一份——《农民日报》。《农民日报》的年发行量只有100万份，而它所要服务的是我国多达9亿的农民，平摊下去相当于900人拥有一份报纸，而实际上在部分贫困地区农民根本无法接触到任何报刊媒介。①

若把媒介视为一种社会资源，这种资源的配置显然不应仅以局部利益、某个团体利益为原则。无论是在市场条件下还是在计划条件下，对社会资源的配置都必须以社会绝大多数人的利益为基础，正如麦奎尔所说："传播既是基本的权力，那么权力的拥有与实践就必须建立在平等与多元的基础上，特别是既有结构的弱势者其权力更应该受到尊重，让人民得以参与媒介的运作。"② 坚持以人为本，针对的是所有人，体现人文关怀更应向相对比较贫困的西部、农村倾斜。为此，政府需要一定的公共政策体系安排和引导传媒业的资源分配，加大对不发达地区的媒介发展扶持力度，让广大西部和不发达地区的传媒机构能平等地、公平地享受到东部地区和发达地区传媒发展的政策，

① 参见刘立刚、李京：《社会弱势群体媒介使用权刍议》，载沈毅、罗子明：《经济新闻与广告传播研究》，中国青年出版社2005年版。

② 转引自宋少燕、张雅丽：《浅析农村弱势群体的媒介话语权》，载《西安社会科学》2008年第1期。

在平等与多元的基础上达到媒介资源在全社会公平有效的配置，使大众传媒业更好地为我国的政治、经济和文化发展服务，为所有人服务。

四、我国农村传播资源的贫乏——一个典型调查

笔者作为国家社科基金资助项目“大众传媒对新疆现代文化的影响”的主要成员之一，于 2006 年 6 月随课题组深入到新疆农牧区进行了一次大规模的受众调查。调查问卷主要涉及广播、电视、报纸这三种主要的大众传播媒介在新疆广大农村的使用情况。通过对调查问卷统计分析显示，大众传媒的信息流量在城市和乡村极不均衡。城市的发展和人口的聚集使新疆绝大多数传媒产业都集中在大城市中，这一方面是传播发展的必然规律，但一方面也是新疆传媒发展的巨大漏洞。新疆地广人稀，城镇分散，据中国统计年鉴统计数据显示，到 2005 年年底，新疆总人口为 2008 万人，其中城镇人口 746 万人，城镇化率为 37. 15%。乡村人口 1262 万人，乡村人口占新疆总人口的 62. 85%，乡村人口占新疆总人口的比重较大，农牧区面积远大于城区。①“西新工程”解决了广播电视在农牧区

① 参见中华人民共和国国家统计局：《中国统计年鉴（2006）》，中国统计出版社 2006 年版，第 101 页。

的覆盖率问题，但是覆盖率并没能解决农牧民日常的信息需求。在新疆，由于地域辽阔，使得新疆的城市和乡镇分散，县市之间的距离平均在750公里左右，乡镇与中心城市的距离更远，这就使得传播的成本增加，新闻传播的时效性严重滞后；地区和县一级媒体传输设备落伍导致转播过程信息的丢失，不少农牧区用电不能保证、播出节目内容大多不适合农牧民的需要；由于农牧民受教育水平偏低，报纸几乎没有人订阅，更没有零售点，也没有一份面向农牧民的报纸；原本就少于城市的信息量在这些因素的作用下，流向农牧区的就微乎其微了。课题组在农村访谈时，不少农牧民对广播电视台提出看法：广告太多，而且他们认为广告是骗人的；播出内容有些听不懂。经询问，是因为播出语言过于城市化。农牧民还要求增加关于农业科技方面的内容，但这些内容非常少。据地州和县媒介反映，农牧民对媒介播出的有关农牧业科学技术的内容非常欢迎，节目播出后经常有农牧民打电话到媒介询问详情。课题组在调研中发现一个特别矛盾的现象，一方面收视率和收听率比较低，报纸能读的人就更少了，故大众传媒在农牧区对农牧民的生活方式和观念的影响仍然很弱；另一方面，农牧民对大众传媒又抱着极高的信任度（媒介崇拜），他们认为，媒介是党和国家办的，应该相信。随着城市化程度的提高，大众传媒的发展日益向着都市倾斜，造成发达地区与欠发达地区信息媒介发展的巨大反差。与中东部地区现在无限的信息和受众有限的注意力之间的巨大反差形成鲜明对比的是，新疆欠发达地区尤其是农牧区中受众大量的空闲时间和有限的信息形成了巨大反差。这两种反差相互作用的结果是：发达地区与欠发达地区的传播差异日渐扩大，一方面是大众传媒在城市中的飞速发展，海量信息的不断涌入使受众在如何选择对自己有用的信息上进退两难；另一方面是大众传媒在欠发达地区的严重缺位，受众在如何获得信息或者获得更多信息上处于弱势地位。课题组在调研中还发现，城镇居民的媒介舆论监督的理念普遍强于农牧区居民。农牧区居民媒介舆论监督的理念不但淡薄有时候甚至淡漠。课题组就“如果遇到不合理、不公平的事情，您觉得最好是”询问被调查对象，在7个选项中选择“向新闻媒体反映”的，锡伯族占8%，柯尔克孜族占2%，蒙古族占12%，维吾尔族占1%。访谈时农牧民会向调查人员反映许多调查内容以外的有关生产生活方面的问题，有的地方农民还把调查人员当做上面派下来的，围着调查人员倾诉，希望能够把他们的问题反映上去。当说到可以通过媒介反映问题时，大部分人表现出十分茫然的样子，不知道还有这样一种办法。

而知道这种办法的人说，不会写或不知道报纸、电台、电视台在哪。大众传媒“喉舌”功能的偏失，导致了乡村受众媒介话语权的缺失。这种缺失使政府决策失去了最主要的依据，对社会关系的调节多少处于被动的状态。这对于构建新疆和谐社会是不利的。

由于新疆特殊的地理环境和经济发展的差距，这种反差在新疆是最为特殊和显著的，仅仅抓住少部分人的传媒注意力显然是不够的。新疆地处边境，少数民族与邻国语言相通，别有用心之徒容易利用我们宣传的盲区进行反动活动。因而，城乡传播资源差距的拉大，信息不平衡的问题就不仅仅是“知沟”问题，还关系到国家安全、新疆社会稳定和民族文化认同感。

第二节　新闻传播在中观层面人本责任之体现

新闻传播在中观层面的人本责任主要是通过媒体在制定编辑方针、公民话语权的分配、议程设置、新闻把关等方面来体现的。

一、编辑方针渗透以人为本

任何一家媒介都有自己的编辑方针，媒介的编辑方针是根据媒介方针对新闻传播活动作出的决策，它规定了媒介的受众对象、传播内容、传播水准和风格特色，是编辑工作必须遵循的准则。新闻传播能否坚持以人为本，能否践行人本责任，编辑方针是关键。

受众是新闻编辑最终的服务对象，媒介的受众对象是根据媒介的性质、宗旨及媒介市场竞争的需要而确定的。编辑方针先要规定媒介的目标受众。在新闻传播中，传播者在为广大受众传递新闻信息，满足其信息需求的同时，另一方面，信息的传递又会对受众个人及整个社会产生广泛而深刻的影响，对社会公共生活发挥极大的作用。因此，媒体与受众之间具有双重关系：一是媒体为受众提供满足其需要的信息，形成信息买卖关系，从而把受众定位为信息购买者的消费者角色；二是媒体成为社会公众参与社会生活的交流平台，形成公共服务关系，把受众定位为公共服务对象的公众角色。首先受众是作为参与社会公共事务的公众而存在，大众新闻传播最终的目的也是为了实现每个人平等地表达和获取公共信息的权利，实现对公共事务平等的参与，因此，媒体首先要实现其社会价值。其次，受众作为消费者，向媒体购买所需要的信息。媒体通过向受众提供所需要的新闻信息，吸引受众的注意力，然后把受众注意力出售给广告商，获取信息生产成本和利润，实现其经济价值。媒体先是通过服务公共利益，获得公众的信任，然后才在此基础上攫取利润。在我国，媒体走向市场后，竞争日益激烈，一些媒体仅把受众看做消费者，把受众目标定位为社会精英等可以给广告商带来丰厚利润的群体，无视普通受众的信息需要，造成大众化信息的供给不足，一些不发达地区的农村居民、城市贫困人口等弱势群体就会被边缘化，从而削弱了大众化定位的媒介市场的生存基础，这与以人为本的要求是相悖的。

新闻传播的内容是传媒在编辑方针中必须加以确定的。新闻传播的内容是指媒体新闻传播的总的报道面有多大，具体说来，包括报道对象的分布有多广、报道的领域有多宽，报道的区域有多大等。新闻传播的内容是由媒介的性质、宗旨和受众对象的需要决定的。新闻传播的社会公器角色决定了新闻传播的内容是与社会公众的生活息息相关的，对社会中大多数人有影响的事件及信息。它的服务范围应包括社会中所有的人、群体，所涉及的领域应包括政治、经济、军事、文化等与老百姓生活相关的所有领域。新闻传播的内容是人文关怀的人性化亮点，是新闻传播人本责任的最终体现。这就要求新闻传播的内容定位在一些有关国计民生、民情民意，大多数老百姓都关心和感兴趣的，能彰显社会正义、维护社会正常秩序、推动人类社会进步的新闻事实中来。报道内容要关注人的存在，应做到由物到人，由事到人，增强报道中的人情味和亲和力，体现出深刻的人文关怀，把报道更多地面向普通老百姓的普通生活，挖掘出他们的喜怒哀乐。《南方周末》始终致力于展现普通百姓的感动、悲伤、愤怒、希望等最基本的民生状态，把关注百姓作为自己的价值主张，为百姓伸张、为百姓呐喊，从而赢得了读者广泛的信任，树立了独特的媒介形象和公信力。

传播水准是媒体思想水平、文化水平和专业技术水平的反映，具体通过媒介传播内容的深度、广度，以及语言、文字、图像、版面设计、制版印刷、节目制作等多方面因素综合来表现。传播水准也是根据媒介的性质、宗旨和受众对象确定的。新闻媒介对传播水准的把握决定了媒介的格调和品味。人本价值是新闻传播的首要价值，只有高扬人的价值，坚持以人为本，在新闻报道中自觉维护人的正当权益，时时尊重人的人格，正确传递人的真情实感，关注人的生存状态和情感体验，努力运用深切的人文关怀，才能提高媒体的传播水准。在当下的新闻实践中，一些新闻媒体为获取经济利益盲目迎合一些受众的低级趣味，暴力、色情等一些不健康的内容时常充斥媒体的版面、画面，有些新闻报道中散布着极端的个人主义、贪图享乐的思想，媒体对香车豪宅的推崇给人们设置了一个个的消费陷阱，稿件中语言文字错误较多，版面印制粗制滥造，一些广播和电视中充斥着格调低下的“噱头”，凡此种种都对媒介产品的质量造成了不良影响，降低了对新闻传播的思想水平、文化水平的要求，降低了媒介在受众心目中的地位。

任何一家有影响力的媒体都有其鲜明的风格和特色。媒体在对其产品的整体结构、传播内容、传播方式和外在形象等方面进行设计时，应在人本责任理念指导下，根据媒介的性质、宗旨、受众对象来决定其风格和特色。我国许多优秀传媒一直在锲而不舍地为创立独家风格而付出努力，并且已经出现一批具有一定风格和特色的成熟媒介。如中央电视台《焦点访谈》以其关注民生、针砭时弊、舆论监督等鲜明的风格而被老百姓所关注和信任。关注人、关注民生、关注民情是新闻媒体赢得受众信任、提升媒体竞争力的核心因素。

二、公正、平衡地分配公民话语权

话语权是指“公民有就社会公共事务和国家事务发表意见的权利，是一种表达权和参与权的体现”。[①] 话语

① 刘华蓉：《大众传媒与政治》，北京大学出版社2001年版，第16页。

权的实质，是一个人在社会上能否维护其合法权益、能否争得做人之尊严的重要标志。话语权是一项公民权利，也是一种权力。它可以影响别人的态度和行为，甚至会影响国家立法、政府决策及资源配置。因为话语权是一种权力，它往往为某些机构、群体所掌握。而不同的阶层、不同的群体都希望通过话语表达自己的利益、自己的诉求，争取自己的权利。按照以人为本的价值观，媒体作为社会公共交流平台，社会公众享有依法运用新闻媒介发表意见、表达意志、对国家和社会事务实行舆论监督的权利和自由，媒体应该让话语资源在不同的阶层和人群之间实现公平分配，促成社会各阶层之间、不同群体之间平等有效的对话和沟通，让所有人都能通过媒介发出声音，应该为所有人、群体提供其话语权实现的渠道和空间。媒体自身掌握着巨大的话语权，同时它还在行使分配话语权的权力。

在当下新闻传播实践中，话语权的分配是不平衡的。受高端市场获利前景的诱惑，在利益本位的驱动下，媒体给了社会精英、利益集团过量的话语权，往往成为这些强势阶层、强势群体的代言人，而一些弱势阶层、弱势群体则被排除在媒体话语权之外，他们缺乏接近和使用媒介的条件和能力，缺乏参与传播活动的机会和手段，只能被动地、无条件地接受媒介信息。其主体地位被剥夺，话语空间被侵占，基本上处于失语状态。社会弱势群体是一个社会学概念，通常是指那些由于某些障碍而缺乏经济、政治和社会机会，在社会资源分配上处于不利地位的人群。弱势群体的成因是多方面的，有的是因为身体的原因，如残疾人、老人、妇女和儿童，即所谓的生理性弱势群体；有的是因为社会制度安排的原因，如失业和贫困人口等，即所谓的社会性弱势群体。这些被称为弱势的“群体”，其实并没有形成真正的群体，而只是一个处于相同境遇人口的集合，大多并不是一种组织化的存在，因而不具备利益集团那样的影响社会政策的力量。这部分社会弱势群体的存在和要求常常被社会所忽视，基本上失去了媒介话语权。有人因此哀叹：“在媒体如此发达的今天，六千多万国有企业的工人，两亿在城市里游荡的民工，八亿农民，这样一批人，没有人在说话，中国老百姓越来越没有声音。”① 媒介话语权的缺失，导致了弱势群体利益表达受阻，既违背了新闻传媒作为社会公器服务社会大众的本质要求，更不利于社会的稳定与和谐。重视每个人的生存和尊严，落实到具体的实践中就是要特别关注弱势群体的生

① 李希光作客新浪聊天实录，载中华传媒学术网：http：//academic.mediachina. net/article. php？id=1055。

存状况、权利和要求。当前社会第一失衡就是强势群体和弱势群体在权利分布上的失衡。强势群体因财富或权力的优势，主导了一切社会资源支配权，并且通过这种支配权，制定、修改有利于自身群体利益的经济社会运作的游戏规则，而弱势群体则缺少自己利益表达的渠道，他们改善自身生存状况和争取权利的能力自然就弱。罗尔斯在《正义论》中指出："社会和经济的不平等应这样安排，使它们：在与正义的储存原则一致的情况下，适合于最少受惠者的最大利益；并且，依系于在机会公平平等的条件下职务和地位向所有人开放。"① 即对那些处于弱势地位的"最少受惠者的最大利益"的群体进行保护，只允许那种能给最少受惠者带来补偿利益的不平等分配，任何人或团体除非以一种有利于最少受惠者的方式谋利，否则就不能获得一种比他人更好的生活。大众传媒是弱势群体可以利用和依靠的表达他们声音的主渠道。坚持人本责任的媒体，不应该只是强势群体向社会展示和炫耀他们优越地位和成功经历的秀场，而更应该多为弱势群体利益代言，表达他们的诉求，促进社会不同群体的对话和沟通，尤其是让具有公共事务决策权的强势群体也能了解弱势群体的

① 约翰·罗尔斯：《正义论》，何怀宏、何包钢、廖申白译，中国社会科学出版社 1988 年版，第 302 页。

利益、困难、要求和愿望，了解社会的真实状况，促进社会公平与公正发展。同时也将相互隔离的、分散的弱势群体联结起来，增强自我意识，提高改变他们自身困境的行动能力。

“和谐社会所要求的良好社会秩序不是建立在政治权利和市场资本对普通民众尤其是弱者的强力控制之下，而应该建立在对大多数普通人的生存和尊严给以充分尊重、真心关怀的基础上。”① 新闻传播的人本责任要求传媒应更多地关注占人口绝大多数的弱势阶层、弱势群体，抑制权利和资本形成的强权，避免社会出现弱肉强食的局面。正如孙立平所说：“弱势群体，他们掌握的资源很少，尽管可能人数众多，但他们的声音很难在社会中发表出来。我们不能不承认的一个事实是，涉及弱势群体利益的时候，往往要靠政府和大众媒体来为他们说话，他们自己的声音是很微弱的。说句老实话，如果政府和媒体都不为他们说话，他们自己很难具有有效地表达和追求自己利益的手段。”② 掌握话语权，同时分配话语权，媒体必须有清醒的话语权意识。“一个理想的社会应该让社会各阶层、

① 傅治平：《和谐社会导论》，人民出版社 2005 年版，第 161 页。

② 转引自宋少燕、张雅丽：《浅析农村弱势群体的媒介话语权》，载《西安社会科学》2008 年第 1 期。

各个群体都能够平等地享有和行使话语权，大众传播媒介作为社会公共舆论机构，则应该为这种话语权的实现提供相应的渠道和空间。"① 媒体的内容，不仅仅是让公众知情，不仅仅是娱乐大众，媒体更应该高度重视"客观报道"的话语权向度，在话语权向度上，媒体应当强调"公正和平衡"，建立起公正、公平的利益表达机制，这是建构和谐社会的重要环节。

三、议程设置强调以人为本

1963 年，美国学者伯纳德·科恩在谈到大众传播的影响时形象地说："新闻媒体远不止是一个信息和意见的提供者。很多时候，它可能并不能成功地告诉人们怎么想，但是在成功地告诉它的读者想什么方面，它却极为出色。因而，对于不同的人来说，这个世界是不同的，这不仅因为他们的兴趣有所不同，而且因为记者、编辑和出版人通过他们所阅读的报纸，在他们的头脑中画出了不同的图像。"② 大众传播的议程设置对于公众的环境认知具有强大的影响。传媒的议程设置指的是传媒的新闻报道和其

① 刘大勇：《浅谈当前新闻传媒"人文关怀"的体现》，载《现代传播》2000 年第 5 期。

② 转引自刘海龙：《大众传播理论：范式与流派》，中国人民大学出版社 2008 年版，第 223 页。

他形式的信息传播活动，赋予各种议题不同程度的显著性特征，影响着人们对该事件重要性的判断。1972 年，麦库姆斯等人对媒介的议程设置作了经典概括：大众传媒对某些命题的着重强调和这些命题在受众中受重视的程度存在强烈的相关性。受众对于媒体报道所涉及的事件和问题，也许会不同意媒体的观点和立场，但一般会关注事件和问题本身。媒介议题一旦引起受众的广泛关注，成为公众议题，就可能引起社会对该议题采取相关行动，影响该议题的实际进程，从而进一步推动媒体的跟进报道，使议题的重要性和关注度进一步得到提高，进一步影响事件的实际进程，以此形成一个累计循环过程。

媒体议程设置的本质是个媒体传播价值取向问题，即媒体在新闻传播中报道什么、不报道什么和重点报道什么及其基本倾向。新闻传播人本责任要求传播者的职责不是简单地“忠于事实”，而是要对事实进行选择、排序，不仅要有效地设置议程，而且要设置正确的、有益的议程，把社会面临的最重要、最急迫、与老百姓利益最为密切的问题排在媒介的优先议程上，使新闻报道的议程设置功能服务于公众的利益，把新闻传播社会价值的实现放在首位。

持不同价值观的媒体对议题的性质和重要程度会有不

同的判断。在传播实践中，有些媒体基于经济利益的考虑，片面追求发行量、收视（听）率、浏览量，不是将关系百姓切身利益的社会问题作为聚焦的热点，而是将一些明星的绯闻、隐私放在议程设置的榜首；不是将健康的、有益于人的身心发展的信息加以强调，而是将一些血腥的、淫秽的、低俗的内容不断加以放大；不是将占人口大多数的弱势群体的利益维护当做新闻报道的关注点，而把自己当做权势群体的传声筒。媒体议程设置的标准应该看是否符合社会整体的利益、大多数人的利益，是否符合人的生存、发展的需要，而不仅是媒介议题所引起的受众兴趣、发行量及收视（听）率的高低。并且，发行量、收视（听）率的高低也不能真实反映媒体传播内容的优劣。在美国，肯尼迪之死、克林顿性丑闻的电视报道都创造了很高甚至电视史上最高的收视率，但是调查表明，半数以上的美国人认为媒体对这些事件的报道泛滥了，觉得提供这种泛滥新闻的新闻机构其目的主要是为了吸引更多的受众，而并非因为这样的新闻是重要的。①

当今社会危机事件频发，这些事件给社会稳定和人民安全都造成了极大的影响和危害。大众新闻传媒作为当下

① 参见伦纳德·小唐尼等：《美国人和他们的新闻》，党生翠译，中信出版社2003年版，第268页。

信息传播最普遍、最有效、影响力最大的机构，在引导民众、帮助政府化解公共危机事件上担负着不可推卸的责任。可以说，大众传媒在公共危机事件中的表现，在很大程度上影响着公共危机的进程和解决，媒体议程设置显得尤为重要。当危机事件发生时，因其具有高度的破坏性而容易引起人们的恐慌，人们最为关注的是危机给公众生活、自身的利益带来的影响。坚持人本责任的媒体应将那些密切关系公众生活的危情信息作为议程设置的榜首，通过正确引导，稳定公众情绪，凝聚社会力量，共同战胜危机。2008 年汶川大地震其实是对媒体议程设置的一次大考验，地震发生后，媒体在议程设置上没有过分地渲染灾难程度，而是引导公众关注前线怎么抢险、怎么救人。媒体大量报道的一个个人性化的场景，诠释了生命的可贵、人性的伟大、团结的力量，在社会上引起了强烈反响。通过媒体一个个具象场景，使我们感同身受，从而激发起了全民族的同情心、爱国心，真正产生了巨大的“众志成城”的力量。

实践证明，大众传播在设置议程时只有将对象属性中那些与人的生存、发展有关的，能触动人的感情神经并引发受众感情共鸣的东西呈现出来，才能被受众真正关注和接受。媒体通过议程设置把对生命的尊重和对人的关爱理念以人性的方式表现出来，肯定人的存在价值和意义，树立服务公众的意识，引导“以人为本”价值观在全社会的建立，是一个负责任的媒体应恪守的伦理准则。

四、新闻“把关”注重以人为本

“把关”是传播学的一大范畴，卢因首次提出这一概念。这是他从英文的守门人（gatekeeper）一词借用而来的，其实际含义是指对信息的筛选与过滤。我们知道，人不同于机器，他有感情、有思想、有独特的思维习惯，因而在传播活动中不可能保持绝对客观，人总是不由自主地把个人的影子投射其中，势必要多多少少按照自己的主观意愿来处理流经他的信息。也就是说，参与传播的每个人都不可避免地要按照各自的观点，对信息进行筛选与过滤，这种筛选与过滤的行为叫把关，有这种行为的人叫把关人，只有把关人认可的信息才能继续流通，否则就只能到把关人那里结束，而不能为公众所知晓。

在新闻传播活动中，记者采写的新闻信息并非都能通过传播渠道到达受众，新闻编辑会根据媒体的编辑方针、媒体的价值取向、个人的新闻判断力等对其进行取舍、加工。新闻编辑的“把关”在决定让哪些信息通过或不通过关口时，会促进或抑制信息的扩散，这使他们成为信息扩散过程中重要的作用者。编辑活动是一个再创造的过程，编辑通过再创造，能使内容更完善，体例更严谨，材料更准确，语言文字更通达，逻辑更严密，可以大大提高新闻传播的效果。面对庞大芜杂的信息，媒体编辑担负着信息汇总、传播把关、发言导向和选题策划等多种职能，这就要求编辑要具有良好的新闻判断能力、舆论组织能力和人文素养。在严格把好政治关、事实关、文字关的基础上，具有深切的人文意识，把人文关怀贯穿于编辑的全过程，使信息真正成为服务社会、有利于人类自身发展的有效资源。

新闻传播的人本责任要求媒体编辑首先要在题材选择上注重人文关怀。媒体的版面、时段等有限的资源更多地让位于那些面向普通老百姓的普通生活，反映他们的喜怒哀乐，特别是那些关注农民、外来务工者、残障人、贫困人等弱势群体的新闻报道；选择那些能引导人们对于人的价值、尊严、幸福、生命等方面给予更多关爱的内容；选择那些关乎国计民生的新闻事实。其次，在具体的编辑环节上坚持以人为本。在文字、图片、电视画面等的编辑中应避免那些冷漠、缺少人性化的内容出现在新闻中，新闻媒介不能单纯为求“新闻效果”，而在新闻编排中忽视了

“社会效果”，片面地迎合受众“眼球需要”，追求感官刺激，将那些背离人道精神、道德上缺乏同情心、缺乏人情关爱的文字、图片、画面见诸媒体，最终导致新闻媒介人文关怀的缺失。在美国遭受“9·11”恐怖袭击以后，很多记者在第一时间进入了大楼，拍摄到许多血肉模糊、残肢横陈的惨烈画面，但是这些画面都没有出现在报纸和电视上。美国的媒体尚且如此，我们就更应注重人文关怀。编辑工作是媒体组织报道的最后一关，编辑要比记者具有更高的人文关怀意识，应站在人文精神的更高起点上，从自己的神圣使命出发，正确地行使好稿件取舍权，不能让一件具有侵犯隐私、伤害人心、缺乏人文关怀的作品出现在受众面前，保证媒体具有最佳的社会效果，使传播得以健康、良好地发展下去。

第三节　新闻传播在微观层面人本责任之实现

新闻传播在微观层面人本责任是通过记者的采访、写作来体现的。以人为本要求记者在新闻报道中要坚持传播视角平民化，写作手法人格化，报道理念人性化，同时坚持新闻信息的真实、客观、公正。

一、传播视角平民化

“平民视角”是指新闻记者站在老百姓的立场上关注百姓生活，刊播老百姓关心的、感兴趣的新闻，把新闻报道的着眼点和立足点投向普通百姓，以一种浸透在新闻意识中的平民意识、平民眼光、平民态度来对待新闻事件，选择新闻事件，采写和刊播新闻。在新闻报道的内容上，关注同普通百姓密切相关的现实问题；在新闻报道的方式上，用人们喜闻乐见的、亲切朴实的、通俗易懂的语言和形式传递信息，为民代言；在新闻报道的取向上，坚持平民利益，反映普通百姓的生存方式和生活态度，使普通人成为新闻报道的主体。平民视角通过与受众平等交流以期拉近与普通老百姓的心理距离从而达到更好的传播效果。

随着人本观念的深入，人们在接受新闻信息方面厌恶了居高临下式的灌输和说教，渴望平等真诚的对话和交流。对于媒体传播的信息，受众不是消极被动地接受，而是从主体意识出发，进行接收、加工、整理和判断，自主地、有选择地接受。随着受众媒介素养的不断提高，他们对信息传播的选择意识也越来越强，对带有明显教化意味的信息有一种强烈的反引导的思维定势，只有当信息被认为是他们自觉需要的时候，信息才能发挥其影响力。以中央电视台《东方时空——百姓故事》、《南京零距离》等民生新闻节目为代表，一大批媒体都在倾力打造平民化视角的栏目，它们以独特的观察视角和内在的文化品位体现着“以人为本”宗旨，把新闻传播的着眼点和立足点投向普通百姓。一方面，以平常人、平常事、平常心作为报道出发点；另一方面，加强关注平常人生活、生存状态，使传播的内容及形式符合广大受众的心理期待，较好地满足了他们的审美需求。媒体的平民化视角是站在宏观的、人文的角度进行的新闻活动，把那些能引起人们情感共鸣、真正能打动人心的新闻事件进行放大，把普通百姓放到新闻报道的重要位置，讲述平凡人的情结，从而让我们更多地感受到在时光的过往里悄然留存着生命的轨迹、灵魂的悸动、与生命同在的呼吸。这种平等传播姿态的出现是深层次的人文关怀，体现了以人为本的思想在新闻界实实在在的践行。特别是在“内容为王”的传播时代，所有媒体都清醒地认识到只有平等对待受众、尊重受众的权利，关心普通人的命运、普通人的生存状况才能取得良好的传播效果。《中国青年报》的专栏“冰点”就是这方面的典型代表。它以“普遍关注”为突破口，报道的虽然是“冰点”，是大多数人无暇顾及的普通人居家生活中的一般问题，但它关注普通人的人性价值，生命的尊严和人生的意义，揭示平凡人的内在精神，弘扬蕴于其中的质朴、坚韧、善良和互助等人性美德，反映普通人艰难中的努力、困顿中的乐观，显示了平淡中的伟大、琐碎中的崇高。出现在受众眼前的“人”不再是作为某种政治的代表或大众的符号，而是生活原态中一个个鲜活的、富有个性的生命，从而受到绝大多数读者的喜爱。

平民化趋势是新闻传播人文关怀的一大进步，是对传统新闻创作方式的改造和创新，反映了媒体对人性的尊重和受众自我意识觉醒后对信息获取方式的选择。它从原来注重政治，宣传典型、楷模等传播套路中走出来，将视野放到最广大的老百姓身上，将目光聚焦到普通人身上。新闻传播的平民化，闪耀着人性的光辉和人格的魅力：它从以前的宏大叙事转向个人化叙事，让受众感受到人的真实；它从以“传者”为中心向以“受众”为中心转变，让新闻传播本位有了回归“受众本体”的趋向，使受众拥有了一定的话语权；它把具有典型意义的普通人作为主角推向前台，反映普通人中不普通的事情，摒弃新闻训诫和说教，使社会与个人获得真正意义上的情感共振，使新闻传播归于本真，从而很好地促进了新闻传播社会功能的充分实现。

当然，新闻传播在强调体现平民化视角，强调关注民生、关注社会弱势群体，倡导以平等对话的方式报道新闻，洋溢着对人性的美好追求的同时，我们也看到，平民化的传播也存在商业化、世俗化、媚俗化的倾向，一些没有新闻价值的，仅流于对琐碎故事情节与无聊细节精雕细琢的记录时常出现在新闻报道中，这样既不能全面真实地反映社会现实状态，还可能误导人们对现实问题的理解和判断。但平民化的传播对我们的新闻传播从观念到形式、到制作上都产生了深远的影响，也使我们的新闻业出现了前所未有的生命力和活力，对促进媒体的飞速发展起着重要作用。

二、写作手法人格化

新闻是对客观事实的报道，而这个事实必定是有人参与或者与人紧密相关的事实，脱离了与人的关联，新闻事实也就没有新闻价值了。所以无论从开掘新闻价值，还是从以人为本的科学发展观的角度出发，传媒必须要抛弃那种为事件而报道事件，为主题而报道主题，为经验而报道经验，见事见物不见人的抽象、空洞、概念化的新闻报道方式；而要确立以人作为主要内容的报道视点，尽力追求新闻报道的人格化，要尽量通过人们的个人故事、体验为切入点和线索来报道新闻事件，运用一些富有人情味的词汇和人性化的细节，让受众感受到作者的内心情感，品味作者的人格魅力，为其吸引、与其共鸣，从而提高新闻作品的可读性和感染力。所谓新闻人格化，是指用加进人的因素的方法，使新闻更具人性化和戏剧化。依据新闻传播中受众的“求近心理”，受众在信息接受活动中，如果感到传播者的思想、情感在许多方面与自己有相似或相同之处，就会在心理上把他视为“自己人”，也就很容易接受传播的内容，从而提高传播效果。人格化的新闻报道说到底就是通过开放的、互动的精神关注，通过尊重和重视人与人之间的情感交流，使新闻传播的内容更好地被受众认同和接受，是新闻报道坚持以人为本的重要表现手法。

我国新闻写作长期受“新华体”的影响，新闻作品读起来枯燥、单一和僵化，缺乏个性和人情味，带有浓厚的官方本位宣传的色彩，日益引起读者的不满。随着新闻改革的深入和读者需求的多元化以及阅读偏好的改变，“新华体”逐渐式微，在表达上更加生动、灵活，富有趣味性、人情味的“人格化”新闻越来越受到受众的欢迎。新闻写作人格化具有个性化和人情味的特点。新闻报道个性化并非要求记者一味地搜罗离奇古怪的人物或事件，传递某些耸人听闻的猎奇内容，而是要求记者面对看似类同的事件，以独特的视角、个性化的语言叙述、别具一格的结构、独具匠心的细节刻画，去发掘新闻事实的核心内容，取得不一样的传播效果。新闻报道的人情味指新闻报道要契合人类的基本感情，从人的角度切入、发掘、表现那些与人性相关的内容，围绕人们的生活、情感、心理、道德、欲望等展开报道，从而唤起读者感情上的共鸣，使作品更具吸引力、亲和力和感染力。人情味作为新闻价值的构成要素，自19世纪30年代新闻价值理论产生以来，一直被西方学者列为新闻价值的基本要素之一。美国学者麦尔文·曼切尔在他的《新闻报道与写作》中将人情味视为新闻报道的一个基本要素，并指出："运用富有人情味的词汇和细节，是实现可读性的重要因素。由于报道是给人看的，从新闻价值观，到新闻报道的内容、主题，到采访、写作的方法、技巧，都需要体现人情味这一基本的要素。"① 具有人情味的新闻由于契合了受众的情感需要，容易引起受众情感上的共鸣，产生情感上的认同，具有很强的可读性和易受性，从而大大提高了新闻传播的效果。

麦尔文·曼切尔在他的《新闻报道与写作》中提出了这样一个著名论断："记者必须用这样的方式来报道事件，即用个人遭遇的戏剧性情节来代替生硬的叙述。就是

① ［美］麦尔文·曼切尔：《新闻报道与写作》，艾丰、张争等译，广播出版社1981年版，第59页。

说，记者必须把这些事件带到活生生的生活中去。记者完成这个任务的基本方法之一就是在他的报道中加进一些人情味。记者用加入人的因素的办法，把新闻人格化和戏剧化。”① 霍夫兰的传播实验表明：“假如传播对象喜欢传播者，就很可能被说服。如果接受者认为信息的来源是来自一个和他自己或者她自己相似的人——即具有同一性，就更是如此。”② 显然，新闻人格化很容易使受众在心理上将传播者当做“自己人”。

三、报道理念人性化

新闻报道的理念是新闻传播媒介价值取向和工作原则的集中体现。新闻传播要坚持以人为本，践行人本责任，就必须在新闻报道中确立人性化的报道理念。在新闻传播中，以人的生存和生命体验为中心，关注社会中个体的人，关注新闻事件对人的影响。把人本价值作为新闻传播的核心价值，一切新闻传播活动都要在对人性完整深刻认识的基础上去展开，不能回避人性的真实。记者应该注重展现人的真实情感，让人性充盈于新闻报道的价值体系，

① ［美］麦尔文·曼切尔：《新闻报道与写作》，艾丰、张争等译，广播出版社 1981 年版，第 142 页。

② 转引自［美］威尔伯·施拉姆、威廉·波特：《传播学概论》，陈亮等译，新华出版社 1984 年版，第 225 页。

把人性化作在新闻采访报道中必须恪守的一条重要原则。

首先，人性化的报道理念体现在对人的生命的尊重和敬畏上。对于人来说，生命具有最高价值，因为生命能满足人最重要的、最根本的、最大的需要、欲望、目的，世间万物没有什么比生命更重要。然而，在新闻实践中，对生命的漠视时时体现在新闻报道中。譬如报道两个不慎从高楼坠下的建筑工人，媒体采用了《奇怪奇怪真奇怪一条钢筋穿两人》为标题，形容钢筋将他们像糖葫芦一样“串”了一起；报道一位遭电击身亡的民工，形容“尸体被烧成了烤鸭”；报道老人轻生跳楼，戏称“老人纵身一跃”；报道广州炎夏有30多人因酷暑而亡，就说“广州酷毙30余人”；甚至利用恐怖事件的新闻报道进行有奖竞答等。这些报道中的非人性化不仅仅是对痛苦的态度，而是超越个体痛苦对生命的尊严以及人性的漠视。新闻媒介为了最大程度地吸引受众的眼球而不顾精神道义，放弃人文关怀，这与众多商业主为追求利益最大化而不择手段没有什么两样，这样的新闻媒介很难履行其固有的社会职责。

其次，人性化的报道理念体现在对人格和基本权利的尊重上，如对生命权、隐私权、肖像权等的尊重。与生命价值一样，人格价值同样具有普世意义。媒体应该从人类尊严的高度报道和评论维护或损害人格尊严的事件，培育健全的个体人格，在维护人格价值的传播活动中培养整个社会健康的“人格”。人的权利是宪法赋予每个社会成员的，人一出生就具有一些基本的权利，公民享有的社会权利随着社会的进步正在不断扩展和提高。人的基本权利的层次越高，人类社会的文明程度也就越高，尊重每个人的社会权利已经成为现代社会基本的道德观念。媒体应该担负起维护公民社会权利的道德责任，同时有义务通过新闻报道和各种传播活动加强公民的维权意识。在新闻报道中，尤其是在报道普通平民、弱势群体时，更应该尊重他们的处境、他们的人格尊严，维护他们的各项权利，不要把媒体变成无所顾忌的情感屠宰场，为了追求轰动效应而忘乎所以。在当前的新闻实践中，我们经常可以看到一些媒体公开披露当事人的个人情感、生理、家庭或生活经历等各方面的信息，特别是对一些贫困大学生的慈善报道，为了引起社会对他们的同情和关注，对他们的家庭窘境、生活细节做“原生态”的报道，让他们在得到关注和资助的同时，往往也要背负沉重的思想压力。

再次，人性化的报道理念还体现在对人性的尊重上。人性包括人的自然性和社会性，它指的是一个人应具有的正常感性和理性，包括人正常的情和欲。马斯诺心理学研究成果表明：人有五种基本需要，按照从低级到高级的顺序，依次是：生理需要、安全需要、爱的需要、自尊需要、自我实现需要。一个真正的人，应该同时具有这五种需要。新闻报道不能回避人性的真实，记者更应注重展现人性之美、人情之美，把人当人而不是当神。新华社记者朱玉撰写的通讯《警察任长霞》之所以感动了万千读者，就是因为她摆脱了传统的英雄人物报道模式，用朴素的、人性化的文字还原了生活中真实的任长霞。她笔下的任长霞不仅是公安局长、英雄人物，更是一位母亲、妻子；不是“高大全”式的、不食人间烟火的、完美无缺的道德楷模，而是有血有肉，可亲、可敬、可学的普通人物。

最后，人性化的报道理念体现在对人的理解和关心上。理解人就要求报道者站在“他者”的立场上，以心换心，通过换位思考确定报道内容，而不是把报道对象仅当做“工具”，当做“手段”，只看报道对象的新闻意义，而对象的主体意识、精神却被忽略了。关心人则要求报道者更多地关心普通人的命运、生存状况和人生体验，而不使他们以沉默的大多数游离于新闻报道之外。在新闻报道中经常看到这样的叙述：多少多少小商小贩因违反相关行政法规被取缔；多少多少“盲流”涌进了城市；多少多少下岗工人聚众闹事……叙述中缺乏对当事人的关心，使用鄙夷的语气，往往对这些人进行过多的批评、过度的贬损，很容易引起新闻当事人和受众的反感和不满。在新闻报道中对报道对象流溢出关切之心、理解之情，既是新闻报道的题中之意，同时也是对人生命价值的一种张扬。

新闻报道的人性化理念是新闻传播者人本意识的体现，也是新闻媒介文明成熟的标志，更是促进人类社会和谐发展、文明进步的有益实践。

四、坚持新闻信息真实、客观、公正

新闻信息的真实、客观、公正既是新闻专业主义精神的要求，也是新闻工作者的职业道德底线，更是新闻传播人文关怀的最低要求和人本责任的主要内容。

（一）新闻真实

真实是新闻的生命，新闻因真实而存在。“新闻真实是指新闻与其反映对象的符合性，符合，就是真实的，不符合，就是虚假的。”① 这是对新闻真实最基本的理解。

新闻真实是新闻传播者对客观存在的新闻事实的再

① 杨宝军：《新闻理论教程》，中国人民大学出版社2005年版，第144页。

现。在这个再现过程中，新闻传播主体往往会受到各种因素的影响和干扰，因为，“新闻真实与时效性有关，与记者的认识能力和个人观点有关，与媒体制度和新闻运作模式有关，与即时的政治氛围和文化氛围、民族传统、宗教信仰、意识形态都有一定的联系，与新闻源和收受者接受时的误读也有关，对真假的判断与价值判断、利益关系也紧密相关”。[①] 因此，通常在媒体上呈现的新闻不可能对新闻事实达到完全真实的反映，新闻真实是一种相对的、有限度的真实，是一种带有“残缺”性的真实，新闻是“传媒机构内部每日讨价还价游戏的结果，这场游戏要将一段特定时间内发生的事件分类并制作出一个极易过时的产品。新闻就是压力之下匆忙决定造成的不完美的结果”。[②] 新闻真实具有相对性，但新闻真实的相对性并不能成为新闻传播者传播失实新闻的理由，作为一种理想的追求，传播者应努力实现新闻报道与对象的本来面目尽量符合，通过“有机的报纸运动”不断逼近新闻事实，诚如马克思所说：“只要报刊有机地运动着，全部事实就会

① 陈力丹：《深化新闻学和传播学的研究》，《当代传播》2003 年第 3 期。

② ［美］埃弗利特·E. 丹尼斯、约翰·C. 梅丽尔：《媒介论争——19 个重大问题的正反方辩论》，王纬等译，北京广播学院出版社 2004 年版，第 93 页。

完整地被揭示出来。最初，这个完整的事实只是以同时发展着的各种观点的形式出现在我们的面前，这些观点有时有意地，有时无意地揭示出现象的某一方面。但是归根到底，报纸的这种工作只是为它的一个工作人员准备材料，让他把材料组成一个统一的整体。报纸就是这样通过分工——不是由某一个人做全部工作，而是由这个人数众多的团体中的每一个成员担负一件不大的工作——一步一步地弄清全部事实的。"①

新闻真实是对新闻事实的反映，但新闻事实有真相和假象之别。真相是事实，假象也是事实。"真相"是指与客体的本质一致的，从正面直接表现本质的现象。"假象"则是指与客体的本质不一致的，从反面歪曲地表现本质的现象。但是，作为一种现象，真相与假象都是一定事物、一定事实的现象，都是客观存在的。新闻真实要求新闻记者尽可能地揭示事件的真相，反映事实的本质。因此，新闻传播者不仅要根据新闻传播的内在要求，及时反映新闻事实的现象变动层面的状况，还要在条件允许的情况下，尽最大的努力反映新闻事实的内在本质，不应该停留在"有闻必录"的、纯粹客观主义的镜像式报道层面，

① 《马克思恩格斯全集》第1卷，人民出版社1956年版，第211页。

而要努力达到现象真实与本质真实的统一。

（二）新闻客观

要实现新闻的真实，必须坚持新闻的客观。新闻的真实性是一个融主观与客观于一体的概念。说新闻的真实性是一个主观的概念，因为：其一，事件的真实再现离不开记者主观行为的参与；其二，对新闻事件的报道会受到记者认识能力的制约；其三，真实本身是一种主观认识，只有主体对客观事实认识得完全正确并如实地把它反映出来，才能谈得上真实。因此，真实是一种认识活动或者说是一种认识的结果。但同时，新闻真实又必须是客观的，因为：第一，客观事实是新闻的本源和前提，新闻的力量蕴藏于事实之中，事实永远是第一性的，相对于客观事实而言，新闻真实性则是第二性。没有客观事实，就不可能有报道的真实。第二，新闻的内容反映的是客观事实的具体过程，新闻反映的全部东西必须和客观事实相吻合，否则就不是真实的新闻而是假新闻。因此，新闻传播主体在报道自身之外的对象时，不能用自己的意识、意志、情感等改变对象的本来面目，不要把自己的意见或评论带进报道中，不要改变新闻报道对象自身的内容。

“客观性既是一种道德理想，同时又是一整套报道、编辑实践，以及清晰可见的写作样式。”① 新闻客观性分为两个层面，一是理念层面，一是操作层面。作为一种理念，客观性是指：“一个人应当也能够分辨事实和价值判断的差别。在这种观点下，所谓的事实是无关乎个人判断，它不受个人喜好的影响；而价值判断，则是个人对世界观的有知或潜意识的喜好，由于本质主观，因此不能推诸他人。对于‘客观’的信念即是对‘事实’之信任和对‘价值判断’之不信任。”② 就是说，新闻传播者忠于事实本身，但对有关事实的意见或评论要保持一定的怀疑态度。在操作层面上，客观性作为新闻报道操作规范，它要求记者要把事实与意见分开，以一种超脱情感的中立观点表述事实，努力做到公平和平衡，为事实涉及的各方提供应答机会。反对在新闻中夹叙夹议，不能掺入个人意见，只要把事实发生的时间、地点、人物、情况、原因等交代清楚就可以了。客观报道的操作规范是客观理念的必然要求，同样，客观专业理念需要通过具体的客观操作规范来体现。客观性是人们准确地认识和把握事物的必要前

① 黄旦：《作者图像：新闻专业主义的建构与消解》，复旦大学出版社 2005 年版，第 69 页。

② ［美］迈克尔·舒特森：《探索新闻：美国报业会史》，何颖怡译，远流出版公司 2001 年第 2 版，第 9 页。

提，它要求记者在新闻实践中对新闻事实的再现要符合事实本身，但我们知道，由于人的认识能力的有限性以及我们每个人囿于自己的历史文化背景、现实的环境、既定思想的影响，不可能完全做到客观，因此新闻的客观也是有限度的，但不能因为新闻客观是有限度的而拒绝追求新闻客观。在现实的场景中，无论从实践的要求，还是从人类理性的回归看，新闻报道的客观性不仅是受众的期待，也是评判新闻工作水平的标准，更是媒体进一步向前发展的必然趋势。

（三）新闻公正

公正是与客观相关的一个重要的概念。公正观念，作为一种道德理想，核心就是追求正义、实现公平。具体是指新闻传播者在进行报道时就报道所涉及的事实的不同方面、争议双方的观点应持一种形式上的公平、平衡的态度，为各方提供一个平等利用媒介发表意见的机会，对新闻事实持不偏不倚的中立立场。“就具体的关于事实的报道而言，‘公正’则表现为客观，即按照事物的本来面目全面反映。”①

① 陈力丹：《新闻理论十讲》，复旦大学出版社 2008 年版，第 105 页。

在今天这样的信息时代、媒介社会，新闻因其公共性和公益性深深影响着人们的观念，建构着社会道德规范，维护着社会秩序。新闻媒介作为“社会良知的守望者”，是维护社会正义、实现社会公正的重要手段。大众新闻传媒作为社会公器，在向公众报道社会事件、提供各种真实报道时，应该做到公正无私、不偏不倚。传播者不享有传播个人意见，压制他人利用传播表达观点的特权，应为所有人提供从媒介获得资讯、发表意见、进行申辩和反对他人观点的机会。只有在这样公正的条件下，媒介才能成为名副其实的“社会公器”。公正具有“应然性”，是新闻传播主体应该坚守的新闻道德原则，同时也是一种道德理想。新闻公正的核心在于实现“新闻正义”，用新闻的手段实现和维护人们应该享有的最基本的新闻自由权利，维护公共利益。这就要求新闻传播主体在新闻传播活动中，能够秉持良知，拒绝向任何权力和资本妥协，尽力消除传播中的歧视行为，树立为公众服务、为整个社会服务的新闻职业精神，不能把传播仅仅指向那些社会的高端人群、富裕地区，无视那些更需要关注的弱势群体、欠发达地区和欠发展的领域。以平等的态度与方式对待新闻事实所涉及的各方，不利用职业之便随意表达观点，不有意进行失实的、片面的、恶意的报道，更不能以虚假的、有偿的报道来误导受众，欺骗社会。新闻公正的最终目的就是为大众服务、为社会服务，以新闻的方式维护社会的良性运行。

第四章 中国新闻传播活动中人文精神丰富的历程——创新式发展

人文精神根源于人类的至情至性，又超越于实用理性之上，是人类对人性中真善美的永恒追求。人文精神体现为对人的关怀，以追求真善美等崇高的价值理想为核心，以人的自由和全面发展为终极目的，是一种对人类命运、幸福与痛苦，对人的存在、价值与尊严的强烈关怀和承担责任的精神。人文关怀是人文精神在逻辑上的必然要求，它要求以人为本，其核心是尊重人、关心人、强调人的价值，维护人的权利，将人的生存、生命、人生的尊严视为压倒一切的首要问题。人是社会发展和历史进步的主体，人的生命状态、精神需要理应得到社会的关注和重视，这样才能促进人自由、协调、均衡地发展。表现在新闻传播活动中，就要求新闻工作者的一切新闻活动都要在对人性完整深刻认识的基础上去展开，新闻要增进民众的福祉以及社会的进步，人文精神应渗透于新闻的整个价值体系。人文精神有无从小处讲关系到个体的人格，从大处讲关系到一个行业、一个社会的整体实力强弱。人文精神作为精神文明的主要内容之一，它不仅为物质文明提供智力支持，同时还是衡量一个社会文明程度的重要尺度。

人文精神标志着人类文明的进步程度。如果说“精神”是地球上人类开出的美丽之花，那么“人文精神”则是其中最瑰丽的一朵。自人文精神移植进入我国新闻传播界后，新闻传播的人文理念被广大新闻工作者所认同，这一理念开始深入新闻人的意识之中，并逐渐成为主流。新闻传播开始以宣传为本，政治挂帅逐渐式微。在新闻传播活动中，从报道价值取向、报道内容、报道方式到报道视角等方面，人文关怀意识都浓墨重彩地得以彰显，尤其是民生新闻报道的出现，成为新闻传播的一个亮点，使新闻传媒焕发出勃勃生机，同时也是新闻传媒人文精神创新的重要切入点。关注社会、关注民生是新闻记者的职责和使命，特别是党在十六届三中全会中提出“以人为本，树立全面协调可持续的科学发展观，促进经济社会和人的全面发展”的思想，把人的生存和发展作为最高的价值目标，一切为了人、一切服务于人作为一切行动的最终要义，为新闻传播活动指明了方向，同时也丰富了新闻传播人文精神的内容，使新闻传播人文精神得以创新式发展。新闻传播人文精神对现代人的发展、新闻媒体自身的发展以及现代社会的发展具有积极的意义。

第一节　中华人民共和国成立以来新闻传播价值取向的历史嬗变——以典型报道为例

由于新闻报道文本量大，难以进行定性的深度分析和系统的历史比较，本节选取了中华人民共和国成立以来一些有代表性的典型报道作为研究对象，来分析新闻传播整体价值取向的历史嬗变。

一、典型报道的源起与兴盛

“典型报道”是中国新闻业一道颇为独特的景观，是社会主义新闻最重要的特征。典型报道是指“对一定时期内产生的最突出或最具代表性的人或事进行的重点报道，是一种教育和启迪大众，以代表性材料诉求一般性现实的宣传报道样式”。① 典型报道是一种具有鲜明政治宣传目的性的新闻选择模式，“它鲜明而集中地代表着中国

① 汪值培：《也谈典型和典型报道》，中国新闻年鉴出版社 1991 年版，第 133 页。

新闻实践的思维方式、逻辑基础、运作理念和历史传统，完全可以作为一窥中国新闻理论核心问题的‘切入口’”。① 这种报道思路深深地影响着中国自20世纪40年代以来新闻实践的方方面面。

国内大部分学者认为，中国最早的典型报道出现于20世纪40年代，它的产生既是对西方典型报道经验的借鉴，又是我国新闻工作的实践总结。“《解放日报》的改版标志着中国共产党完善了战争条件下对新闻事业功能和性质的认识，发展了比较成熟的党的新闻理论，其中核心的一条即是要强化党报指导实际工作的作用。在这样的背景下，中国共产党新闻事业中最早的一批典型报道也就应运而生了。”② 1942年4月《解放日报》关于劳动模范——吴满有多开荒、多打粮的消息登上了头版头条，普通劳动者的事迹登上如此显要的位置，在中国报刊史上还是一个先例，于是，这篇报道也被认为是中国首篇典型报道。通过对吴满有的集中报道，在延安掀起了轰轰烈烈的大生产运动，极大地促进了延安军民的生产热情，从而冲破了国民党的封锁，对于边区渡过物质匮乏的艰难时期有

① 载王辰瑶：《意义的困惑——从典型报道看最近30年新闻理论的艰难探索》，载《国际新闻界》2009年第9期。

② 载王辰瑶：《新闻架构与社会变迁——1949年以来我国新闻经典报道解读》，中国人民大学2007年博士论文，第27页。

着积极的促进作用。此后，《解放日报》又在1942年9月连续发表长篇通讯《人们在谈说着赵占魁》、《赵占魁同志》、《恭喜赵占魁》，以及社论《向模范工人赵占魁学习》等，赞赵占魁是“中国艰苦奋斗的产业工人的典型”。《解放日报》树立的一农一工这两个典型，在边区掀起了持久的学习高潮和劳动竞赛活动，为抗战取得最后的胜利作出了巨大的贡献。典型报道从此也就成为党通过新闻媒介发动群众、鼓舞群众、宣传教育的法宝，成为党报的一大特点和传统。之后传媒在社会上进行广泛宣传并取得较大反响的著名典型还有：杨朝臣、刘建章、刘秉仁、郭风英、南泥湾等劳模个人和群体以及董存瑞、张思德、狼牙山五壮士等一批战斗英雄。这些典型宣传成功地契合了当时大生产运动和对敌作战的需要，鼓舞了人们的信念和斗志，取得了较好的宣传效果。据安岗的统计，仅1943年上半年，《解放日报》上刊登的各条战线的先进人物就有600多名。[①] 中华人民共和国成立以后，典型报道的形式得到延续。中华人民共和国成立初期重大典型报道主要集中在两个方面：一是朝鲜战场涌现出来的英雄集体和英雄个人，如《上甘岭大捷中的英雄们》、《国际共产

① 安岗：《新闻论集》，天津人民出版社1982年版，第53页。

主义战士罗盛教》、《马特洛索夫式的英雄黄继光》、《伟大的战士邱少云》等；二是在国民经济恢复的第一个五年计划时期涌现出来的先进生产模范和集体，如孟泰、姚濯新、王崇伦、郝建秀、耿长锁、鞍钢等。“保家卫国”和“恢复国民经济”是当时中国面临的最大问题，也是党的全面工作的中心，这一时期的典型报道起到了行之有效的宣传效果。20 世纪 60 年代初推出的雷锋报道因为契合了当时社会的需要再加上领袖的亲自号召，依然大获成功，而且是迄今为止报道规模最大、持续时间最长、宣传成效最大的典型报道。之后依然有大量的典型报道因为深刻反映了时代精神，影响了一代又一代人。如 60 年代的焦裕禄、80 年代的张海迪、90 年代的孔繁森等，都说明典型报道在引导舆论中有着非同凡响的作用。

二、典型报道的人本化发展趋势

每个时期都有其典型人物和典型事件，这些具有典型意义的人物和事件因契合了时代精神，有着不同寻常的特性和价值，随着媒介的宣传影响了一代人，塑造了一代人的精神，成为一代人的集体记忆。改革开放以来，随着社会主义市场经济的逐步完善，各种利益关系的调整，原有的一系列社会运行机制正在发生深刻的变化。在这样的时代背景下，新闻传媒在满足受众多样化需求的同时，挖掘具有典型意义的新闻人物和事件，及时、深入、持久地将典型推上前台，以此弘扬社会道德风尚，让人们从中感受社会进步与时代发展的脉搏，也是新闻传媒的基本责任。

在现实生活中，人们呼唤典型，学习典型，需要典型的激励。然而，历史上传媒塑造的众多的英雄形象，虽在当时引起了强烈的反响，但随着时代的变化，环境的不同，高、大、全的典型人物逐渐淡出了人们的视野。多年以来，我们有关典型人物的报道一直存在于一个泛政治化的环境中，政治把人当做重要的政治资源而着重强调其手段的性质。在典型人物的报道中，将英雄人物脸谱化、政治化，刻意将其塑造成不食人间烟火、完美无缺的道德楷模，而其作为普通人所具有的人性被完全遮蔽，这就与主张“人是目的”的人文精神产生了裂痕。把活生生的典型抽象化、理想化、标准化，让人敬而远之，反而会损害其政治意义。

1968 年湖南有一个叫戴碧蓉的 12 岁女孩为抢救在铁路上玩耍的 3 个孩子而不幸被火车碾断了左手和左腿，当时《光明日报》是这样报道的：

……就在这千钧一发的关键时刻，红小兵戴碧蓉想起了伟大领袖毛主席"为人民而死，就是死得其所"的教导，她毫不犹豫地扔下手中的篮子，奋不顾身地一边呼喊三个孩子快躲开，一边向铁道冲去。……"下定决心，不怕牺牲，排除万难，去争取胜利。"毛主席的伟大教导，给红小兵戴碧蓉以顽强的战斗力量！她不顾一切，又第三次冲上轨道，抢救安安。……碧蓉的爸爸和姐姐看到她左手左腿都被压断了，忍不住心疼地哭了起来。她说："爸爸不要哭，我还有右手，还能抄写毛主席语录，学习毛泽东思想，还能为人民服务。"……在医院修养期间，戴碧蓉特别想念伟大领袖毛主席。她每天都打开革命宝书，认真学习。每当毛主席的最新指示从广播里传来，她就认真抄写，反复背诵。为了早日恢复健康，回学校参加斗、批、改，她经常一个人跳下床，练习走路。……现在，戴碧蓉已经伤愈出院。她说："我虽然残废了，但我忠于伟大领袖毛主席的红心永不变。我一定做到生为毛主席而战斗，死为毛主席而献身。紧跟毛主席，在阶级斗争的大风大浪中锻炼成长，做红色的革命接班人。"……①

① 参见《戴碧蓉舍己救人》，《光明日报》1969年3月11日，有改动。

一件本是很感人的救人行为，却被赋予了太多的政治色彩，让人读起来难以置信。由于我国新闻传媒一贯坚持以正面宣传为主，要求典型报道中的先进典型毫无瑕疵，完美无缺。改革开放前，我国的社会阶层、利益群体比较单一，社会环境相对封闭，社会交往缺乏变动，计划体制使得人们对信息的需求不是很强烈。同时，高度计划的经济体制和高度集权的政治体制使得整个社会意识形态较为统一，个体的思维方式简单、价值取向趋同，人民的文化水平普遍不高，眼界受到局限。在这种情况下，新闻报道塑造的典型很容易打动读者，也会引起社会大规模的效仿。但随着经济体制的转型，我国的社会结构日益复杂，出现了多种社会阶层、多个利益群体，使得某一种价值观念很难得到人们的广泛认同。市场经济导致人们的主体意识不断增强，人们之间的交流也日益频繁，获得的信息日渐增多，价值取向日益多元化，不再把注意力仅仅集中在政治上，从而打破了一元格局。人们对媒介的注意力开始由政治转向经济，经济利益的驱动成为受众接受新闻传播的心理动力。市场经济使受众的经济意识、效益意识等观念加强，政治意念趋于淡化，人作为社会主体的地位得到广泛认同。人们普遍追求自我，厌恶被启蒙、被灌输、被说教，喜欢进行独立思考和自主判断，受众开始理性地看待典型人物。在这种情况下，媒体基于政治目的所塑造的典型人物逐渐被人们所质疑和排斥。媒体宣传导向开始发生变化，典型报道特别是典型人物报道在报道方式上改变了以往“报喜不报忧”的一贯作风，运用平民视角，融入人文关怀，摒弃了以往对英雄人物进行完美无缺的升华式报道方式，打破了长久以来媒体对宣传英雄人物完美无缺形象的刻意追求，典型报道正从“造神”回归到“写人”。关于那些先进个人的报道，媒介不仅报道他们的成绩，也开始报道他们的困惑、挫折，他们的情、他们的欲。先进人物张海迪曾经绝望过，甚至想过自杀，但许多记者的报道没有提到过这个事实，认为这有损于英雄人物的形象，但郭梅尼在《生命的支柱——张海迪之歌》中以平实的写法描述了这位残疾姑娘坎坷的心路历程，写出了一个既坚强乐观，又有悲伤、孤独、痛苦，甚至绝望的真实人物，这种突破使人相信先进人物是人而不是神，不是高不可攀的。在选择典型人物时，不再只把党员、英雄、模范作为报道对象，事迹的选择不再只把政治要求放在第一位，普通人不平凡的事迹开始进入人们的视野。如洪战辉，一位带着妹妹上学的普通大学生；田治国，一位把肾捐给了自己母亲的儿子——他们并没有直接对社会作出巨大贡献，但在他们身上却体现了不一般的人性光芒。近年来，我国媒体对典型报道作了进一步的改进和创新。《感动中国》是中央电视台倾力打造的以表彰具有崇高人格魅力的人物为主要内容的节目，节目文本都是普通人物原原本本的生活面貌，反映的都是一个个真实鲜活的平凡人的故事，但在这些平凡的故事中处处闪耀着人性的光辉。《感动中国》没有宏大叙事，没有道德完美，它用镜头真实地记录着我们身边那些感动你、感动我、感动中国的普通人，用平民化角度诠释着他们作为一个人对国家、社会应该担当的责任，解读着人与人之间应该具有的真情实感，从而打动了亿万观众。

在弗洛伊德的精神分析理论中，本我是原始的我、本能的我、追求快乐的我。自我是别人眼里的我，受一定约束的理智的我，在大多数情况下人们处于自我状态。超我是自我的典范，是理想中的我。人是“本我”、“自我”、“超我”的统一。按照精神分析理论，新闻传播就应该充分正视和满足合理的本我，满足人正常的需要；完善自我，通过社会规范的建构，规范人的行为；倡扬超我，通过道德教化，使人成为一个高尚的人。现在，我国典型报道逐渐走向理性自觉，已基本改变了过去那种批判本我，压制自我，一味宣扬超我的反人性的宣传模式，开始尊重和满足人的正常欲望和需求，用人的态度对待人，不再把人当神，而是将神还原成人。倡导对人实施关怀，尊重人性，理解人情，平实自然地传播那些根植于人性又能真正打动人心的“典型”。

三、社会变迁视域下的新闻传播人本价值观

人文精神突出地体现了以人为本的思想，它不仅要求人们关注社会物质财富的创造，还要关注人的精神品格、信念、理想与尊严，关注社会变迁下人的社会行为。

社会变迁与社会稳定构成了社会结构存在的两种基本形态。目前社会学界关于社会变迁还没有一个统一的界定。在我国社会学界，郑杭生将社会变迁看成一切社会现象，特别是社会结构发生变化的动态过程及其结果影响；陆学艺和李培林等人则把社会变迁理解为社会系统的结构和功能生成变化的过程。纵观不同社会学家对社会变迁的定义，可以从广义和狭义两个角度来理解社会变迁。从广义上看，社会变迁可以泛指一切社会现象的变化；从狭义上看，社会变迁特指社会结构及其功能的重大变化。

任何特定的社会体系一经确立，就会形成比较稳定的结构关系。但是，社会体系的各组成要素异常活跃，各要素都具有自我组织和不断完善的特性，各要素之间相互作

用，有可能导致它们之间发展的不平衡，从而需要不断调整原有的结构关系。这种调整先是局部的、缓慢的，积累到一定程度就有可能导致原有体系结构的整体改组，直至采取社会革命的形式。在影响社会变迁的诸原因中，物质生产力的变化是最根本的原因，此外还取决于自然环境、社会制度、文化传播等多方面因素，它是多种因素相互作用的结果。

大众新闻媒介是作为社会主体的人作用于社会变迁的工具和中介力量，在社会变迁的整个过程中都发挥着一定的作用，并且随着社会变迁的不同阶段而发挥不同的主导功能。大众新闻媒介的自身发展离不开社会变迁，同时又反作用于社会变迁。中国社会正处于农业社会、工业社会、后工业社会并存的社会结构状态，相应地在价值领域也必然存在与不同社会结构相适应的彼此矛盾冲突的观念形态。“社会价值观念主要指人们的行为规范和思想体系，人们的社会活动都是在一定的价值观念指导下发生的，社会价值观念的变化是整个社会变迁的基本方面，并且往往成为整个社会变迁的先声。”① 同时，社会变迁也深刻作用并影响着人们的价值观。目前，中国社会正处于

① 易益典：《社会学教程》，上海人民出版社2007年版，第368页。

从传统的农业社会向现代工业社会转型的过渡时期，转型的一个重要内容就是社会结构的变迁。尽管中国社会结构的变迁可以追溯到明末清初甚至更早的时期，但这里，本书主要关注的是20世纪70年代末改革开放前后社会结构的变迁。改革开放以前，中国是一个结构分化程度很低的国家，国家对经济以及各种社会资源实行全面垄断，高度计划的经济体制和高度集权的政治体制使得社会意识形态较为统一，政治、经济和意识形态三个中心高度重叠，社会结构比较单一，社会环境比较封闭，个体的思维方式简单；在僵化的经济体制和意识形态的基础上形成了以“绝对集权主义”为中心的价值观念，人们的思想趋于一致。整个社会“几乎是穿着同一颜色、款式的衣服，使用着基本相似的词汇，唱着几首完全相同的歌曲，读着基本相同的著作”。[①] 社会的价值标准是“重精神，轻物质”，人们普遍认为集体利益无条件高于个人利益，推崇“集体至上”理念，个人必须无条件服从集体。个人被锚定在僵化的集体和组织机体内，个体独立性和自主性的丧失使个人的需求及尊严受到轻视，系统结构的刚性状态使得个人活力在很大程度上被封冻和凝结了。在这一时期，

① 阮青：《中国个性解放之路》，华东师范大学出版社2004年版，第307页。

新闻报道高扬集体主义精神，报道的人物都是些舍小家顾大家，为了国家利益、集体利益毫不犹豫地舍弃个人利益的英雄，个人的价值远远低于社会价值，社会价值的实现往往是以牺牲个人的价值为代价。改革开放以后，随着经济体制的转型，我国的社会结构日益多样化，市场经济的平等、竞争、效益等原则以及市场经济对个人利益、个人价值的肯定深刻地影响着人们的价值观念，逐渐把人从自我束缚中解放出来。市场经济对人的主体性的高扬，对个人利益和个人价值的关注使新闻从业者意识到只有充分认识人的主体性地位，自觉地把人的需求和发展作为传播的重心，重视个体利益和个体价值的实现，才能凸显与时俱进的品格。新闻媒介经历了一个从忽视个体到关怀个体，从片面地强调社会利益高于一切，到社会利益与个人利益协调共济的过程，反映了中国新闻观念又在经历着新的变迁。典型人物报道中也突破了“个人主义”的禁区，一些报道肯定了对个人价值和个人利益的追求，例如任长霞的化妆品、时装鞋、花衣服，许振超的工资、汽车，洪战辉的小生意等，因符合了市场经济的人文内涵，契合了人性需求使人物更加具有真实性和时代感，更能深入受众的内心。

现代社会的道德观是建立在个人的价值与社会价值双

重价值的基础上，个人价值和社会价值之间并不存在绝对的对立，只是在思考“本位”上的差异，具有普适性价值的现代人道主义采取的是“个体本位”立场。事实上，马克思在《1844年经济学—哲学手稿》中早就十分明确地表达了这样的思想：社会的全面发展是以每一个人的全面发展为基础和前提的。因此，当媒体关注社会中一个个鲜活的个体，关注每一个个体的喜怒哀乐和利益诉求时，它就是在关注全体社会成员的普遍利益，徜徉于“属人的世界”。在高度文明的社会里，个人的价值在某些情况下甚至重于社会的价值，只有个人潜能得以充分发挥，个人价值得以充分实现，社会才能得以快速发展。对人性价值的承认与尊重已经成为一个社会文明与否的重要标志。当代中国社会处于政治、经济、文化、情感评价尺度的转型期和断裂期，新闻传播实践以人为本，就必须用现代中国人的理念、价值观作为新尺度去进行新闻选择、报道、评价和情感展示。

第二节　改革开放以来中国新闻传播活动中“慈善”报道主题演变

改革开放以来，经济的发展和市场经济体制的逐步确立，为慈善事业的发展奠定了深厚的经济基础。我国新闻传媒通过慈善新闻报道不仅增强了全社会的慈善意识，同时也有效地提高了传媒在受众心目中的公信力，扩大了媒体的影响力，使人文精神在新闻传播实践中得以生动体现。

一、新闻叙事主题

新闻是对事实的叙述。“新闻在对各种事实的架构中，均有一个高层次的意义，这往往就是在叙述活动中所表达的对某一事件主题的界定。”① 梵·迪克认为，新闻话语的主题不是简单的事项堆砌，它们形成一种层次分明的等级结构。在新闻中，主旨性的信息总是要先被详细地表达出来，在高层次的信息之后才出现对此加以“详述”的低层次信息。新闻在建构事实时，面对新闻事件，首先要回答“这是什么事”，“这是什么事”意味着对事件的定义。在梵·迪克看来新闻不仅包含着对事件的宏观定义，而且“与其他话语类型相比，新闻话语主题组织可能扮演着更为关键的角色”。② 新闻报道的叙事结构相对

① 王辰瑶：《新闻架构与社会变迁——1949年以来我国新闻经典报道解读》，中国人民大学2007年博士论文，第65页。

② ［荷］梵·迪克：《作为话语的新闻》，曾庆香译，华夏出版社2003年版，第32页。

固定和单一，叙事主题较为清晰。新闻主题是新闻内容的核心，通常用标题、导语和直接引语的形式表现出来。

对新闻叙事主题进行研究，是要分析改革开放以来我国新闻传媒对慈善活动采取了何种“界定”方式，下了怎样的“这是什么事”的定义，以此来考察慈善新闻报道主题的演变。

二、慈善新闻报道的人性化发展

“慈善”的理念，在春秋时期的中国就已存在。《礼记·月令》中就有“天子布德兴惠，命有司发仓廪，赐贫穷，振乏”的记述。目前在中国，慈善事业刚刚起步。政治的强势、市场的竞争、媒介角色定位等构建了慈善新闻传播的主导性框架，构成了现实中复杂多元的传播图景。

（一）慈善新闻的界定

慈善新闻在中国目前尚无公认的定义。人们对慈善新闻比较一致的看法是：“慈善新闻就是与慈善公益事业相关的人或者事的报道，它包括救助弱势群体、发展教育文化科技医疗卫生、保护环境等以社会公益为目的的新闻报道。”①

慈善新闻除了具有一般新闻所具有的真实、新鲜、及时等特点外，还有自身独有的特点：

（1）公益性：公益性是慈善新闻最本质的特点。慈善行为的对象是社会公众，其目的是维护公众利益。

（2）慈善性：就是对社会上的弱势群体或遇到危难的人进行救助关爱活动的性质、作用及程度。慈善新闻通过对社会中一些弱势群体真实生活的报道，唤起社会公众对该群体的关注，以达到对这部分人进行救助的目的。

（3）社会性：指慈善新闻从社会需要出发，面向社会发布，反映社会关系，维护社会利益。社会性是慈善新闻又一鲜明的特征。

（二）改革开放以来慈善新闻报道主题的演变

慈善事业是建立在社会捐献基础上的民间社会性救助事业。“慈善事业，通常是指众多的社会成员建立在志愿基础上所从事的一种无偿的、对不幸无助人群的救助行为。它通过合法的社会组织，以社会捐助的方式，按特定

① 罗宜虹、郭习松：《慈善报道转型探析》，载《新闻前哨》2009年第11期。

的需要，把可汇聚的财富集中起来，再通过合法途径，用于无力自行摆脱危难的受助者。这是社会第三次分配的一种形式，是社会保障的补充体系。"① 慈善事业作为一种人类基于爱心基础上的善举，它产生的前提是行为人既要有慈爱之心，又要有一定的经济基础，同时，社会存在着一定的贫富差别。改革开放以来，中国经济在迅速发展的同时，贫富两极分化不断扩大，贫富差距已成为影响中国社会最大的问题之一，缩小贫富差距自然成为构建和谐社会的一项重要任务。当前，中国社会需要慈善，慈善事业已逐渐被公众认可和接受，慈善事业已成为当代中国社会发展的一个重要组成部分。大众新闻传媒具有强大的社会动员功能，在培养人们的慈善价值观、普及慈善文化、推动慈善事业发展等方面应该负有义不容辞的社会责任。在慈善事业的发展过程中，慈善新闻报道的作用不可忽视。新闻媒体可以通过生动的慈善事件和感人至深的慈善人物的报道，培育公众献身公益的精神，在全社会构建积极正面的社会价值观，增强公众的慈善意识，进而引发人的善良本性以从事慈善活动。新闻媒体也可以利用其宣传和监督作用，促使企业出于自身利益考虑而从事慈善活动，从

① 朱力：《起步中的中国慈善事业》，载《南京社会科学》2000 年第 12 期。

而推动社会慈善事业向前发展。

我国新闻传媒的慈善报道叙事策略经历了由政府意志和市场利益的双重构架为主开始转向关注普通人的善举的过程。现在的慈善报道致力于普通人慈善意识的培养，通过对积极参与慈善事业的普通百姓大量报道，以此吸引和发动更多的社会力量参与到慈善事业中来。长期以来，我国新闻媒体一直不乏关于慈善的关注和报道，几乎所有的媒体都拿出一定的版面和空间报道各种各样的公益新闻，但媒体的视线不是重在慈善精神的传播、慈善意识的培养。不少慈善报道不是迫于行政命令，就是对商家作秀的展示，更多地集中在对少数企业家、明星等个人慈善行为的过分渲染和炒作，呈现给公众的慈善事实通常是一个个由企业、社会团体或明星们为提高自己美誉度而举办的“活动”。在社会中造成人们对慈善价值的错误理解，公众慈善精神被扭曲，从而违背了慈善的人文精神。企业通过慈善活动的宣传，在公众中树立良好的企业形象，提升了企业品牌，从而实现了公益与商业目标的双赢。媒体在报道企业慈善行为——为企业塑造一个勇于承担社会责任的形象的同时，自身也开辟了新型报道领域，扩大了媒体公信力，进而实现了媒体和企业的共赢，这些都无可非议。但是，媒体慈善报道的主旨是凭借其广泛的覆盖面和强大的渗透力，通过慈善事实的报道在全社会倡导一种扶危济困、乐善好施的人文精神。这种人文精神的弘扬不仅是企业家、明星的社会责任，更需要全社会所有人的参与。宣传和普及慈善价值观，媒体不仅要对积极参与的名人、明星予以褒奖，还需要对大多数默默参与慈善事业的普通大众加以关注。

近年来，媒体开始选择一些具有典型意义的、平凡人的慈善行为进行报道，以引导人们自发自觉地参与慈善，让受众逐渐接受这样一种观念——慈善体现在人们的各种行为中。善举不仅是富人才能参与的“游戏”，社会更需要千千万万普通人的点滴善举。2006 年 6 月 30 日，《联合日报》慈善版用大量篇幅报道了一位贫困的慈善家王明殿捐资助学的事迹，引起了社会各界的强烈反响。王明殿是个普通人，却做出了不普通的事，他所做出的善举更能打动人心，为更多的人提供了一个学习的榜样。同时，媒体慈善新闻报道方式也越来越人性化。在以往的慈善报道中，为了达到好的传播效果，记者编辑往往会营造痛苦、不幸、无助的画面。这样做对被救助者来说，其实是一种心理上的居高临下，容易使救助和被救助者形成恩赐和叩谢的关系，形成两者之间地位的不平等，更容易伤害被资助者的人格和尊严。建立在“以人为本”价值基础上的新闻媒体，在慈善新闻报道中，不仅要报道被救助者的贫困、不幸和苦难以获得受众的同情，更要尊重和维护他们的人格尊严和培养他们的自立观念；不仅是在物质上给予救助，更注重精神上的鼓励，把人放在中心位置，施之以爱，强调符合人性的传播，从良心、爱心等这些人的最基本品格出发，不断开发人类自身的潜质，提升文明进步的质量。

慈善对一个社会的良性运行有着重大作用，慈善事业的发展需要全社会包括大众传媒的积极响应。明确慈善之责，引导公众树立开阔深远的慈善理念，并对大众的慈善认知进行正确的宣传与引导，为慈善事业的健康发展营造积极健康的舆论氛围，是现阶段我国媒体应有的职责。

三、倡导适应时代精神的慈善文化

慈善事业的发达与否，在一定程度上反映了一个社会文明水平的高低。我国的慈善事业尚处在起步阶段，慈善组织规模较小，普及程度较低，公众的慈善意识较弱。“新闻媒介对于慈善的关注和报道，其积极的社会公益价值取向和实践，可使慈善文化、慈善意识走入公众视野，有利于培养受众的慈善文化意识，引导人们树立正确的慈善理念。”①

（一）媒体慈善报道理念的偏差

当下，媒体对慈善报道的正面宣传还不够，在传播过程中一些媒体的报道理念有偏差，慈善报道所营造的“有困难找媒体”等媒介氛围，常使媒体的扶弱功能放大，使人们把媒体误认为慈善组织。一些媒体慈善报道理念与慈善本质有悖。慈善的要义在于自愿自发，慈善的形式也不仅限于捐款，且捐款多少并不能证明一个人是否慈善。然而“点名捐款”、“公布捐款数额”时常见诸媒体。2006 年 1 月 22 日，沈阳《华商晨报》头版刊发了一篇题为《贫困父亲写信遍求中国富豪》的报道，公开了农民刘福成为给女儿治病写给施正荣、刘永行等富豪的信。随后，对有捐款意向的富翁热情报道，还没捐款的富翁则在报道中被再次点名。2008 年“5 · 12 汶川地震”后，一些媒体报道了万科捐款 200 万元及王石的“十元论”，从而引发网民对万科及王石的围攻和谩骂。出于慈善和爱心的“行善”本来应由“行善者”主动地、自愿地奉献，他们的捐助行为不应该受到丝毫的胁迫。但在媒体强力介

① 方筱萍：《新闻媒体与慈善事业的发展》，载《魅力中国》2009 年 5 月下。

人、公开点名逼迫下，事情的性质就发生了彻底改变。这不仅扭曲了慈善自愿的本意，变成了在众目睽睽的舆论压力之下，捐助者为维护自己形象和名誉的被动应对，同时在无形中也贬低了其捐助的慈善感召效应。而大多数人只是抱着“看客”的心态看富人们到底会不会捐钱而已，把自己置于事件之外，真正的道义反而成了缺席者。媒介的这种行为不仅严重伤害了富人对慈善的热情，就是一般人也会对慈善心生冷漠，这无异于挖掉了社会慈善的道德根基。选择捐还是不捐，捐多少，通过什么渠道捐，都是非常私密的个人选择，媒体不征求当事人的意见即公布姓名、捐款数额是对人的财产自由处置权、隐私权、名誉权的侵害，是对人文精神的践踏。社会不应该用捐款的多少去衡量一个人的道德水准高下，“逼捐”则是更大的不道德。

（二）树立正确的慈善价值观

慈善事业的发展、进步离不开全社会慈善价值观的树立。具备正确、健康的慈善价值观，人们便会积极地、自发地、不求任何回报地参与慈善事业，从而推动慈善事业更快地发展。

现代社会是一个高风险社会，正如吉登斯所言，“现代社会的特征之一就是风险加剧，现代社会风险类型增多，后果严重。从传统的自然风险转向人为风险，从个别风险、区域风险转向全球性风险，从单一风险主体转向多重风险主体，这意味着我们进入了风险社会”。[①] 在一个风险社会中，作为一个个体的人很难抵御突如其来的灾害，这就需要来自他人、社会的帮助。人作为类存在，是一个整体性的存在，互惠互助是其存在的前提。在风险社会里，很难保证你就不是下一个落难者，任何人都有可能遇到不测，所以，就现代社会的特征而言，助人就是助己。任何人都有救助别人的义务，只要你有能力。现在人们关于慈善的普遍观念是，慈善救助是富人的事，这是一种错误的理解。“富人”作为社会改革的受益者，享有较多的社会资源，参与慈善救助更是一种责任。这里所说的“富人”只是一个相对概念，并非只是那些拥有万贯家财的人，只要是衣食无忧、安居乐业者就有责任对那些因天灾人祸而遭遇生活变故、落入困境的人提供救助。在当今中国社会陷入困境需要社会救助的群体中，有的是体制改革的牺牲品，有的是因自然灾害而陷入困境，有的是因病致贫，有的是因为改革的成果尚未被惠及。对于这些弱势群体，政府当然负有不可推卸的责任，同时每个公民也同

---

① 转引自王小波：《试论普通人参与慈善事业的意义、影响因素及其途径》，载《道德与文明》2006 年第 2 期。

样有责任对他们进行扶持，只有如此，社会关系才能和谐，社会文明才能得以体现。对于陷入困境的人们提供帮助，也是人文精神的体现。

（三）弘扬现代公益精神

现代慈善事业是在日益完善的社会公益制度基础上建立起来的，仅靠乐善好施、扶危济困等传统道德不会使慈善发扬光大。“公益是一种普遍互助的价值观念，救助不是以个人恩赐的方式直接给予他人，而是通过一定的社会公益机制（如各类基金会或慈善组织）间接地到达他人手上，而接受帮助则是现代社会中困难群体‘应得’的权利。”① 公益是一种基于公共性基础上的互助，人们的互助行为是对社会共同体的凝聚与认同，他们之间不具有任何依附约束，也不必感恩图报，因为人们的公益行为是一种个人的自愿。这种公益制度既可以培育个体独立的人格，维护个体的自尊，也可以在个人心中树立对社会共同体的忠诚，培养人们的主人翁精神，从而使得社会更加稳定和谐。“现代公益精神的树立使中国自古以来尊老爱幼、扶贫济困、帮老助残的传统美德，通过制度化、专业

① 王小波：《试论普通人参与慈善事业的意义、影响因素及其途径》，载《道德与文明》2006 年第 2 期。

化的公益服务体系得以传承、光大。”①

“慈善事业是促进社会和谐不可缺少的‘一条腿’，而媒体则是慈善文化建设不可缺少的‘一条腿’。”② 宣传和普及适应时代精神的慈善价值观，需要新闻媒体坚持以人为本，运用媒体的社会地位赋予功能和社会行为示范功能，通过鼓励、引导、示范，使人人心中潜存的慈善心得以唤醒、打动，从而转化为一种自觉、自发的慈善行动。大力弘扬善人善举，培育大批慈善楷模来引领、来带动整个社会健康的、充满人文精神的慈善文化的形成，将中国传统的“性本善”、积德行善、扶危济困、慈悲为怀、感恩等道德观念与社会责任、社会道义、公民素养、社会公平等公共价值观融合，引导人们树立正确的慈善理念，形成一种道德自觉，以构建真正和谐的社会。

第三节　坚持新闻传播以人为本是时代的要求

坚持新闻传播以人为本，促进人的全面发展，是

① 王小波：《试论普通人参与慈善事业的意义、影响因素及其途径》，载《道德与文明》2006 年第 2 期。

② 孙红英：《我们的责任——媒体在慈善文化建设中的角色定位》，载《政协天地》2008 年第 2 期。

“以人为本”科学发展观的要求，也是顺应当代人类社会发展趋势的必然选择。

一、“以人为本”科学发展观的提出

2003年10月14日中国共产党在十六届三中全会通过的《中共中央关于完善社会主义市场经济体制若干问题的决定》中首次提出了“以人为本，树立全面协调可持续的科学发展观，促进经济社会和人的全面发展”这一理论，其核心是以人为本，把人的生存和发展作为一切活动的目的，作为最高的价值目标。这一理念的提出和正式确立，宣告了我国各项事业迈入了崭新的发展路径并形成了新的发展模式。一切为了人、一切服务于人，确定全面、协调、可持续发展的出发点和落脚点，就是不断满足人们生存、发展、自我完善的需要，加快形成物质文明、政治文明、精神文明相互促进、共同发展的格局。

从根本上说，以人为本的理念是人类社会在不断追问人的价值地位、人与自然的关系、人与社会的关系、人与人的关系的过程中形成的。它把人作为人类实践活动的根本价值尺度，要求对专属于人的那些特性进行关怀和关注，如人的尊严、价值、人格、人权等，强调对社会全体成员乃至全人类的人文关怀；注重公平、正义、人性地协调社会的各种利益，扶助社会弱势群体，重视社会的公平正义，要求为社会全体成员提供公平、均等的发展机会；注重人与人、人与社会、人与自然之间的关系和谐，讲求人与人的诚信友爱、和谐相处，讲求社会的文明理性、安定有序、依法办事，使人在社会中有机会实现自己的生存、发展、自由、平等、幸福、个性、权利等价值追求。

以人为本是科学发展观的核心，在经济社会发展和管理中强调以人为本，揭示了社会主义经济建设的客观规律，明确了人在经济发展中的主体地位。在经济社会发展中坚持以人为本，不仅仅是为了调动人们的积极性，更重要的是为了解放人、发展人，关心人。人是经济社会发展的主体，也是经济社会发展的目的，调动一切积极因素谋发展是为了将发展成果惠及全体人民，社会经济发展同人类自身发展是统一的。科学发展观强调坚持以人为本，就要一切从人民的利益和要求出发，以广大人民的根本利益为本，切实保障人民依法享有的各项权益，维护社会公平正义，满足人们的发展愿望和多样的需求；关心人的价值、权益和自由，关注人们的生活质量、发展潜能和幸福指数；体现社会主义人道主义和人文关怀，促进人的全面的、自由的发展。

“以人为本”科学发展观的提出是中国共产党坚持解

放思想、实事求是、与时俱进、理论创新的重大成果，是对最终实现人类解放这一崇高目标认识的进一步深化，也是中国共产党执政理念上的一次飞跃。以人为本是人文精神和科学发展观共同的价值取向。人文精神不仅是关于人的本质、地位、价值的精神，也是关于人与自然、社会、他人和谐关系的精神，是一种整体的发展观，是以人本世界观为核心的自然观、社会观、人生观和价值观。科学发展观是中国共产党在历史发展的新时期确立的新的发展理念和执政理念，以人为本的科学发展观正是把人的生存、发展、价值作为认识和行为的出发点和落脚点，处处彰显人文关怀。科学发展观以高效益发展为前提，以协调发展为中心，以可持续发展为根本，以促进人的全面发展为目的，突出强调了“以人为本”的原则，体现了经济和社会发展最终以人为目的的最高价值指向。

二、“以人为本”的时代背景

中国共产党在十六届三中全会提出以人为本，强调建立全面、协调、可持续的发展观。2004 年 3 月，胡锦涛同志在中央人口资源环境工作座谈会上又强调：“坚持以人为本，就是要以实现人的全面发展为目标，从人民群众的根本利益出发谋发展、促发展，不断满足人民群众日益增长的物质文化需要，切实保障人民群众的经济、政治和文化权益，让发展的成果惠及全体人民。”① 党的十六届四中全会又提出建设社会主义和谐社会，强调要坚持调动一切积极因素，不断提高构建社会主义和谐社会的能力。社会和谐目标的提出，进一步完善了科学发展观的内容，更加明确了发展的目标和衡量标准，更加突出了社会的发展和人的发展，是以人为本思想的进一步深化。

以人为本是在我国进入社会主义初级阶段展开全面建设小康社会的时代大背景下提出来的，它的产生和发展有其深刻的经济、政治和文化背景。

从经济方面来看：改革开放以来，我国经济发展取得了举世瞩目的巨大成就，社会面貌发生了历史性的变化。近 30 年经济的高速增长，使我们国家综合国力大幅提升，人民生活条件得到普遍改善，生活质量普遍提高。另一方面，也存在着一些不容忽视的突出矛盾和问题：经济持续高速增长而社会其他领域发展相对滞后；城乡之间、区域之间、居民收入之间的差距持续扩大，贫富悬殊加剧；下岗、失业而引发贫困人口增加；粗放式经济增长造成资源短缺和生态恶化等，这些问题都是人民群众最迫切关心的

① 胡锦涛：《在中央人口资源环境工作会上的讲话》，载《人民日报》2004 年 4 月 5 日。

问题。这些问题的解决关系到社会的稳定、经济的发展、国家的长治久安。导致以上问题一个很重要的原因就是片面地追求经济增长速度，把发展等同于经济增长。其后果就是无暇顾及人自身的发展，重物轻人。这种发展观导致人们把经济利益、物质利益看做人的唯一利益，经济目标被当做人类发展的唯一或最高目标。而人的主体价值则往往被放在最细枝末节的地位，造成了对本应作为发展的目的和社会主体地位的人的种种不公正待遇。在我国过去近30年经济高速发展的过程中，经济发展成果并没有惠及所有的人，还有相当一部分弱势群体看不起病，上不起学，种田无地，就业无岗，社保无分，而这些问题是作为一个人最基本、最正当、最无可厚非的利益。中国共产党“以人为本”的科学发展观是在对这种片面追求经济增长发展观所付出的代价日益突出的反思中提出的一种发展理念。

从政治方面来看：当今和平与发展仍是世界的主题，但西方国家从来没有停止过对我国的西化、分化，在新时期又采取了新的方式加大力度，从而使中国共产党的执政地位面临着严峻的挑战。中国作为世界上最大的社会主义国家始终是西方敌对势力的眼中钉、肉中刺。他们借口民主、自由和人权，推行西方的人权民主，推行强权政治，干涉我国内政，对我们党的执政地位和执政能力提出了新的挑战。要想挫败西方敌对势力的西化、分化的政治图谋，中国共产党就必须搞好国内建设，维护社会稳定，这就需要确立以人为本的执政理念，保障人权，加快发展，让所有人都能享受到发展的成果，体现社会主义的优越性，增强社会主义的吸引力。在国内，随着市场经济的发展和改革开放的不断深入，我国的经济结构、组织形式、利益分配、价值取向等日趋多样化，各类主体的主体意识不断增强，使社会充满生机活力。但同时由于利益主体的多元，导致各种矛盾和冲突加剧，特别是贫富差距的扩大，这些都可能引发新的政治矛盾与社会冲突。因此，如何协调各种利益关系，调动各个利益群体的积极性，对于增强党的执政基础和凝聚力有很大的作用。这就要求中国共产党必须以人为本，关注民生、民情，从执政的角度出发，公平、公正地协调不同利益群体的诉求，切实维护最广大人民的根本利益，谋求人的全面发展，使全体人民朝着共同富裕、全面发展的方向稳步前进。

从文化方面来看：人文精神是中国文化的基本精神内容，但中国文化以伦理为核心，“既不直面现实人性，又回避现实矛盾，形成古典人文精神外在化、虚饰化的特点，对人自身真正的终极关怀缺失，人始终是五伦关系网中的虚点，是封建等级制中的被动客体”。[①] 中国的人文文化也因此而具有伪人文精神的倾向，貌似重视人，实则处处忽略人。“五四”新文化运动时期，西方人本主义思想被介绍到中国，西方人文文化中合理的、有益的东西被继承。在五四运动的推动下，新文化运动始终贯穿着人本主义的主线，提倡民主、平等、自由，主张解放自我，张扬个性，彻底消除封建专制主义对人性的压抑。“五四”新文化运动之后，几十年连绵的战火和暴风骤雨式的政治革命，把“五四”启蒙思想淹没殆尽。“文化大革命”更是使人性受到了压制和摧残。“文化大革命”之后，人们急切地呼唤人道、人性的复归，呼唤人的主体地位的复归。市场经济也使失落于计划经济中的人的主体性、能动性开始逐步回归，日益凸显。20 世纪 80 年代，中国思想界、理论界掀起文化论争热潮，其中涉及人文精神中的一些最基本的问题，诸如人的价值、人的主体性和人权、个性解放等这些曾经被视为资产阶级意识形态的重要课题，出现了“人学”热。自 20 世纪 90 年代以来，实践唯物主义的讨论，是对人的主体地位的认识进一步深化。人是历史的主体，是一切社会实践活动的承担者。由于人是历

① 杨岚、张维真：《中国当代人文精神的构建》，人民出版社 2002 年版，第 66 页。

史的主体，所以历史是由人创造的。马克思说：“整个所谓世界历史不外是通过人的劳动而诞生的过程。”① 因此，人是推动社会历史前进的伟大力量，人作为历史发展的主体，蕴藏着无穷的潜力和智慧，没有人就没有人类社会，就没有历史发展。实践归根到底是人的生命存在形式，人的地位被上升到了空前的高度。既然人是主体，所以人就具有人的资格、人的价值、人的意义和人的尊严，人的生命状态、精神需要理应得到社会的关注和重视，这就要求我们在一切人类活动中以人文本，要把人当人看，尊重人、关心人、理解人，充分发挥每个人的潜能，实现每个人的价值。

目前，我国依然处于社会主义的初级阶段，生产力水平依然不算高，依然是发展中国家；与发达国家相比，我国人民的生活依旧不够富足，还有相当一部分人在贫困中苦苦挣扎。因此，经济发展对中国的重要性，不管怎么说也不过分，可问题在于如何发展。我们发展的本意本来是要使人民生活越来越富足，人的发展越来越全面，人的主体作用就越来越明显。但目前的情况是少数人越来越富足贪婪，人变得越来越畸形，人的主体性、积极性、创造性

① 《马克思恩格斯全集》第 42 卷，人民出版社 1979 年版，第 131 页。

越来越受到压制。这就使得发展——这个时代的重要主题在我国现阶段成为一个不仅要实践而且更急需深刻反思的问题。于是，2003 年，我国提出了以“以人为本”为本质和核心的科学发展观，开始要把“人”这一历史的主体放回到应在的位置。

三、民生新闻——中国特色的新闻传播范式

2003 年，江苏电视台城市频道《南京零距离》节目的主创人员首次提出了民生新闻的概念。《南京零距离》以创作节目与观众的“零距离”为基本理念，贴近市民生活实际和心理需求，所记录、所报道的是平民百姓们的日常生活，是他们的酸甜苦辣、喜怒哀乐以及他们在生活中的所做、所遇、所获、所想，尤其是将镜头对准那些生活在社会底层的弱势群体，为他们代言，为他们呐喊，反映他们的疾苦，呼唤社会的帮助，从而成为深受南京市民喜欢的名牌栏目，并引起全国各地电视台的纷纷效仿，使传统新闻中被冷落的民生，获得了前所未有的反映和报道的空间。

民生新闻的巨大生命力在于它彰显了我们这个平民时代新闻必须具有的精神品质即平民视角、民生内容、民本取向。长期以来，我国新闻传播“新闻视角本质上是贵

族化的，是居高临下的，新闻传播者总是自觉不自觉地把自己看成精神贵族，用贵族的视角俯瞰众生，这使新闻充满了教导，充满了导师的影子”。① 《南京零距离》用一种平民化的眼光来找寻新闻，来关注生活，把自己当做老百姓中的一员，以平民的心态来体味百姓生活中的种种状态，体味每一位报道对象的心灵感受，这种平民化的视角奠定了这个栏目空前的亲和力和贴近性，使每位观众拥有了一个乐于走进节目的心态，从而使这个节目获得了与观众零距离沟通的前提。平民化的视角决定了《南京零距离》所关注的对象是平民百姓，所关注的内容是同老百姓的日常生活密切相关的现实问题。当《南京零距离》以平民化的视角把镜头推向民生的时候，实际上就体现了一个根本的价值起点，那就是民本。以民为本的核心在于“人”，人是社会发展和历史进步的主体，人的生命状态、精神需要理应得到媒体以及社会的关怀和重视。《南京零距离》的推出标志着具有中国特色的民生新闻的崛起，我国大多数新闻媒体都将报道视角转向平民，报道内容转向民生，承担起反映民声、关注民生、沟通民意的重担，特别是一些主流媒体，如中央电视台、《南方周末》等。

① 景志刚：《我们改变了什么？〈南京零距离〉——及其民生新闻》，载《视听界》2004年第1期。

民生新闻的崛起正在改变着我们现存的新闻生态，使我们的新闻生态变得更加丰满充盈，使我们的新闻理念更加宽容、理性，更加富有人性。

民生新闻严格说并不是一个专业概念，它的出现是媒体在激烈的市场竞争中争夺受众，加强与受众沟通，提高为受众服务而做出的一种选择，同时也是“以人为本”这一时代要求在新闻传播中的体现。民生新闻站在人文关怀的立场，关注普通人的生存状态和心灵状况，关注普通人的命运，关注弱势群体的正当利益；从广大普通百姓的需求出发，以其亲切的语言、朴素的情怀播报、评说百姓关心的人和事，从而吸引了受众的眼球；打破了长期以来人们在媒体中看见的不是国内外重大事件就是各行业的重大典型，自己身边熟悉的人或“柴米油盐酱醋茶”却鲜有问津的现象，成为我国新闻传播中一道亮丽的风景。新闻选择上的民生内容，报道立场上的平民视角，报道价值理念上的民本取向，是民生新闻实践中的基本原则，也是民生新闻区别于其他新闻形态的基本标准和要素，这三个内在的本质属性的有机统一构成了民生新闻的内在规定性，这一内在规定性也正是新闻传播人本责任的本质要求，极大地丰富了新闻传播人文精神的内容，同时也开拓了一个具有中国特色的新闻传播空间。民生新闻的核心理念是“以民为本”和人文关怀，它以关注民生为立足点，以服务百姓为宗旨，强调用民生的立场、眼光和话语来反映民众的生活与命运，表达民众的情感和情怀，将话语权交给民众，彰显了平民百姓日常生活的新闻价值，在切实改变老百姓的生活、提高人民群众的生活质量方面，充分发挥新闻的力量，表现出强烈的亲民色彩。民生新闻满足了老百姓生产生活的实际需要，被广大老百姓所接受，也被全社会所接受。

民生新闻是中国政治文明发展背景之下的产物。中国共产党在十六大报告中提出“促进社会主义物质文明、政治文明、精神文明协调发展”，强调执政的核心理念是以人为本，执政为民。党的以人为本的执政理念必然要求社会主义新闻事业在报道理念和方法上的与时俱进。以人为本，报道民生，反映民生，自然也就成了我国新闻媒体新闻价值取向的必然选择。作为社会的瞭望者，新闻媒体无法不受到这股社会大潮的洗礼，同时关注民生也是新闻传播的本性回归。民生新闻的实践意义就在于，它抓住了社会转型时期民生问题所凸显的社会现实，契合了以人为本的时代精神，敏锐地回应了党和政府“三个代表”重要思想，以及“立党为公，执政为民，以民为本”的新理念，生动地诠释了新闻宣传“贴近实际、贴近生活、贴近群众”的新原则。民生新闻在尊重新闻传播规律前提下，反映民生，彰显主流，既反映人民群众的时代诉求，又契合现实政治的主流话语，形成民生新闻特有的传播范式，从而找到了一条适合中国国情的新闻创新路径，建构了一种富有中国文化底蕴的新闻传播模式。

随着民生新闻内涵的不断扩展，当下民生新闻报道中出现了一些与民生新闻本质相悖的东西。民生新闻的性质和特点决定了民生新闻报道一方面以微观的角度关注小人物、小事情，从普通百姓的居家生活挖掘一些有关普通民众生存、生活、生命的新闻和信息，以小见大，从小人物中见大民生。另一方面民生新闻要通过采访，深入普通人的内心世界，触及他们的灵魂和情怀，挖掘普通民众人性中的美和光辉，和读者发生共鸣。民生新闻最大的特征就是平民性、接近性等，但民生新闻并不是琐碎化、低俗化、简单化的报道，那种毫无选择地把原生态的百姓生活刊播的做法，是对民生新闻的误解。民生新闻重在讲述“老百姓的故事”，但家长里短的日常琐事并不是“民生”的全部内涵。关注民生问题，并不是堆砌生活中的琐碎事物，也不是单纯地还原事实，更不是媚俗，一味追求轰动效应，而是通过对民众生活中的典型小事、典型细节的报道，给人们以启示、思考，引导人们作出合理的价值判断，倡导社会理智、社会观念、社会秩序、社会道德，在全社会构建文明、和谐的社会风尚。人文精神是民生新闻的基本精神，只有在民生新闻中切实加强人文关怀，才能使民生新闻具有自己的理性、情感和智慧，也才会具有久远的生命力。

民生新闻在新闻学的意义上，是一种题材取向，也是一种新闻范式，又是一种新闻思潮；在社会学意义上，伸张了民主，宣传了真善美，弘扬了人文精神，有力地推动了“以人为本”的社会主义和谐社会发展。

第四节　坚持新闻传播人文精神是历史发展趋势——以唐山、汶川地震等灾难报道为例

波澜壮阔的改革开放30年，是中国经济和社会得以全面发展，个人命运有了巨大改善的黄金时期。通过改革开放的伟大实践，使人的主体地位得以提升，人的创造性得以尊重，人的潜能得以充分发挥；把人的属性还给了人自己，重新确立了人的意义。改革开放的30年是一次对“人是目的”、以人为本价值的追求和实现，是逐渐实现中国人尊严和价值的30年。中国新闻传播通过30年的改革实践，一方面坚定地把“人是目的”、“以人为本”的

人文关怀作为新闻传播的根本价值，把思想从传统的教条、功利、庸俗中解放出来，全面实现新闻的人文传播；另一方面，坚定地按新闻传播规律办事，进一步把新闻传播观念从政治宣传的旧模式中解放出来，在实现新闻传播的合目的性的同时，实现新闻传播的合规律性，努力实现最大、最好的传播效果。本节以唐山、汶川地震等灾难报道为例，论证坚持新闻传播人文精神不仅是新闻传播活动的内在要求、以人为本时代的呼唤，更是新闻传播历史发展趋势。

一、灾难报道中的理性回归

灾难是人类的影子，不管人类在文明的进程中走了多远，灾难总是如影随形，或浓或淡，或长或短。“灾难是一个发生于特定时空的社会事件，对社会或该社会的某一自足（self-sufficient）区域造成严重损坏，招致人员及物质损失，以致社会结构瓦解，无法完成重要功能或工作。”① 灾难可分为自然灾难和社会灾难两类，两者性质有所不同，但同样可以对人类社会造成严重破坏。由于偏离正常的发展轨道，灾难事件会引发一定的社会动荡。当

① 臧国仁、钟蔚文：《灾难事件与媒体报导：相关研究简述》，台湾国立政治大学新闻研究所研究中心 1990 年教师专题论坛报告。

灾难爆发时，人们对大众媒体会有更强的信息诉求欲。因此，大众媒体对灾难恰当的报道策略可以从很大程度上帮助政府处理危机，稳定人心；反之，则会出现流言四起、民众慌乱等现象，从而影响社会正常秩序。

（一）灾难新闻

灾难新闻是社会新闻的一个重要组成部分。所谓灾难新闻，“就是以灾难孕育、发生、发展、危害及预防、抗灾、减灾等人类与之斗争为题材的新闻体裁”。[①] 人们对灾难新闻格外敏感和关注，不仅是因为灾难可以引发人类天然具有的同情心，更为重要的是，灾难一般都具有可重复性和一定程度上的可预防性。人们关注他人的灾难和不幸，实际上就是关注自己的生存状态和安全环境，从而调整和改进自己的行为，达到趋利避害的目的。

（二）我国灾难新闻报道理念的转变

中国当代灾难新闻报道应当从中华人民共和国成立后算起。回望60年来的灾难报道，其报道理念和形式都发生了显著的变化。本节将我国灾难新闻报道划分为改革开

① 刘晓军：《论新闻的人文主义精神》，载《现代传播》2007年第3期。

放前和改革开放后两个时期，探讨我国新闻媒体对中国国内灾难新闻报道理念的转变。

1. 改革开放前我国灾难新闻报道政治挂帅，宣传本位——以云南海通、河北唐山地震报道为例

中华人民共和国成立以来，我国政府出于对社会稳定和政治因素的考虑，对灾难新闻报道要求是积极宣传战胜灾害的成绩，反对纯客观地报道灾情。1950 年 4 月 2 日中央人民政府新闻总署给各地新闻机关下达了关于救灾报道的指示。该指示要求“各地对救灾工作的报道，现应即转入救灾成绩与经验方面，一般不要再着重报道灾情”。[①] 在这样的指导思想下，对灾难事件往往是不报、瞒报或报喜不报忧，报道的中心始终是人们如何同灾难作斗争，倾向于“人定胜天”的宣传，动员千百万人民起来战胜灾难，对全国人民进行社会主义、爱国主义的思想教育，至于具体灾情、灾难本身对人类生命破坏的惨烈，造成了多少人员伤亡则不在报道之列。“人”服务、服从于政治这一最高原则。当时我国关于灾难报道的观念正如王中教授概括的：“灾害不是新闻，抗灾救灾才是新闻。”灾难报道模式是：“轻描淡写的灾情” + “党和毛主席的

① 沈正赋：《灾难新闻报道方法及其对受众知情权的影响》，载《声屏世界》2004 年第 3 期。

关怀”+“灾区人民的决心。”① 这种无视自然规律、无端拔高人的主观能动性的理念深深地影响着社会，人们开始坚信自己是大自然唯一的主人，坚定地认为这个世界“只有想不到，没有做不到”的事情。面对灾害的来袭，人们坚信自己的控制能力，往往采取的是堵截和直接抗争的姿态。这种高昂的斗志是可嘉的，但其方式是非理性的，其结果是不理想的。

1970 年 1 月 5 日，云南通海发生了 7.7 级大地震，造成中华人民共和国成立以来的地震死亡人数之最，经济损失按可比价格计算达 27 亿元。这一在“我国乃至世界的灾难史和地震史上都具有重要历史地位”的事件外界对此知之甚少。当时仅由新华社对外发了一条简短的消息，且信息模糊，语焉不详。当时充斥报端的新闻满是空话套话，宣扬的是社会主义的优越，社会主义大家庭的温暖，至于这次地震的报道，既没有受灾地点的具体方位，也没有人员伤亡和财产损失。地震几天后，《云南日报》做了如下报道：“千条万条，用战无不胜的毛泽东思想武装灾区革命人民的头脑是第一条。地震发生后，省革命委

① 转引自沈正赋：《灾难新闻报道方法及其对受众知情权的影响》，载《新闻大学》2002 年夏季刊。

员会派专车专人，星夜兼程把红色宝书《毛主席语录》、金光闪闪的毛主席画像送到了灾区群众手中……（看到红宝书和画像）灾区群众激动得热泪盈眶。”①

1976年7月28日，7.8级的大地震使唐山这座城市一夜之间成为废墟。地震后第二天，《人民日报》上刊登了新华社通稿，其标题为：《河北省唐山、丰南一带发生强烈地震——灾区人民在毛主席革命路线指引下发扬人定胜天的革命精神抗震救灾》。文中提到：

> 伟大领袖毛主席和党中央、国务院对地震灾区人民群众十分关怀。地震发生后，中共河北省委，天津、北京市委和震区各级党组织，已经采取紧急措施，领导群众迅即投入防震抗灾斗争。中共河北省委领导同志已带领有关部分负责人，赶到灾区指挥防震救灾工作。中国人民解放军和有关省、市卫生系统，已组织大批医疗队赶赴现场。大量医药、食品、食物、建筑材料等救灾物资正源源不断运往灾区。国家地震局和河北省地震局已组织专业人员赶赴现场，监视灾情。灾区人民群众已在当地党组织领导下，迅速

① 转引自王蕾：《论我国灾难新闻报道理念的转变》，载《新闻大学》2008年第4期。

组织起来，团结一致，展开抗灾斗争。他们决心在毛主席的革命路线指导下，在反击右倾翻案风斗争取得伟大胜利的大好形势下，发扬人定胜天的大无畏革命精神，团结起来，奋发图强，夺取这场抗灾斗争的胜利。①

这是中国报纸有关唐山大地震的报道中唯一一则发布事实的消息，也是有关地震的第一篇新闻报道。该报道同样通篇既没有伤亡的数字，也没有任何财产损失情况，代之以笼统的一般性表述："使人民的生命财产遭受很大损失，尤其是唐山市遭到的破坏和损失极其严重。"党和政府的关怀和人民与自然灾害斗争的情景占据主要地位，报道洋溢着战天斗地的革命豪情，灾难本身的悲惨景象和受灾群众的痛苦被完全消解。24 万多条鲜活的生命一夜之间消失、百万人伤残的惨烈，在泛政治的狂热中显得无足轻重。在"宏大叙事"面前，人的生命不值一提。灾难的承受者作为一个集体名词——"受灾地区人民群众"，在整篇报道中处于缺席状态，只能是虚幻地成为某种精神的响应者，"仰视"的传播视角彰显出对人类生命的"漠视"。

① 《灾区人民在毛主席革命路线指引下发扬人定胜天的革命精神抗震救灾》，载《人民日报》1976 年 7 月 29 日。

当生命不再重要，灾难本身又算得了什么呢?

2. 改革开放后我国灾难报道关注人性、人情，新闻本位——以5·12汶川地震报道为例

1978年12月，党的十一届三中全会召开，在“解放思想，实事求是”这一思想指导下，我国开始了改革开放和民主法制建设的进程。新闻界开始反思、研究一些具有现实意义的新闻理论问题，特别是对新闻本质的讨论，新闻的信息传播功能重新得到肯定，曾经作为“禁区”、“雷区”的灾难新闻报道获得了一定程度的解放。“1987年7月18日，中宣部、中央对外宣传小组、新华社在《关于改进新闻报道若干问题的意见》中明确提出，‘突发事件凡外电可能报道或可能在群众中广为流传的，应及时作公开的连续报道，并力争时效赶在外电、外台之前’。1989年，国务院办公厅、中宣部《关于改进突发事件报道工作的通知》再次提出，‘对空难、海难、铁路公路交通等国内发生的恶性事故，中央新闻单位要抢在境外传媒之前发出报道’。这些原则构成了有中国特色的社会主义突发事件新闻发布机制与报道机制，这其中包括对灾难性事件报道的规定。”① 灾难新闻报道开始注重报道的

① 王蕾:《论我国灾难新闻报道理念的转变》，载《新闻大学》2008年第4期。

时效性和受众对灾难的知情权，这在一定程度上进一步拓展了灾难新闻的报道空间，弱化了政府对灾难信息的控制。灾难报道的宣传教化功能开始式微，新闻信息传播功能开始回归。但由于传统的价值观念和守旧的新闻报道机制的制约，媒体面对灾难依然持谨慎保守的心态，满足于告知信息，对于生命的轻视和冷漠仍然相当明显，人文关怀十分欠缺，导致报道模式化，报道视角、话语表达等方面的人性化操作空间相当狭小。党的十六大于 2002 年 11 月举行，此后党中央提出并秉持了“以人为本”的执政理念。政府从全能政府向有限政府转化，灾难信息公开成了公众的共同诉求。我国新闻媒体在灾难报道中开始关注人性、人情，关注人的生命尊严，调查和思考造成灾难的原因，提供避免灾难再次发生的方法，宣扬灾难中显现出的人情美、人性美。在表现灾难事件中的行为和景况时，开始将人的命运作为独立的题材，适度地表现人在大自然力量面前的渺小和无奈，表现人在面对灾难时的恐惧和哀伤。对这种人类共同情感的真实表达，容易使读者产生强烈的心理共鸣，引起原始的救助愿望，产生了比较好的传播效果。

2008 年 5 月 12 日，北京时间 14 时 28 分，四川省汶川县发生了 8.0 级特大地震灾害。距地震发生 18 分钟后，新华网发出快讯："12日14时35分左右，北京地区明显感觉到有地震发生。"25分钟后，新华网发出快讯："四川汶川发生7.6级地震。"27分钟后，成都人民广播电台女主播孙静在摇晃的大楼内播报震中、震级、影响范围等情况，及时与市民沟通。32分钟后，中央电视台新闻中心在获得中国地震局的权威消息后，在新闻频道15：00的整点新闻中以头条形式播出了地震的消息。此后，我国新闻媒体对汶川大地震进行了集中的、大规模的报道，各类媒体以高效、及时、透明的报道建立起连接灾区的信息通道。在报道中，媒体把大量的镜头和版面都集中在受难者身上、普通平民身上、救灾行动者的身上，讴歌在他们身上闪现出的人性光芒。动人的镜头、感人的文字，吸引了无数人的目光，产生了巨大的"众志成城"的力量。人本理念贯穿于整个报道的始终，人文精神得到了充分的倡导和弘扬，生动地展现了中国特色社会主义伟大旗帜的感召力。在这次抗震救灾的报道中，我们已经看不到曾经在抗洪抢险中一度宣扬的"严防死守"、"人在堤在"之类不科学的口号，取而代之的是把受众的内心体验放在心上，让受众看到生命在灾难中的真实情状，以浓墨重彩地彰显生命在灾难中的尊严与价值。"在大灾难面前，我们看到了人的脆弱，原来是如此渺小卑微。在大灾难之后，我们看见了人的抗争，却又是如此坚韧顽强。求生的渴望，互助的温暖，救援的力量，社会的关怀，都在诉说生命的意义，彰显人性的崇高，体味团结的力量。”①《摩托车上绑在一起的夫妻》——中国男子努力给妻子死后尊严的照片刊出后，迅速被全球媒体和网站转载。这张展现了人性力量的照片打动了全世界，也让我们感受到了人类所共有的同情心。扶老携幼的捐款、挽起袖管的鲜血、国旗为贫民而降的震撼、蜡烛为逝者而燃的守夜、总理哽咽而下的泪水、师生相拥而亡的景象，触及了人性最为柔软的一面。

此次汶川地震报道无论是从报道的形式、报道的时效性、信息的公开度、报道的内容厚度和报道的影响力上，与此前的任何灾难报道相比，都是前所未有的。自然灾害发生之后，受冲击最大的是人。在传统的灾难新闻中，灾民群众多是“集体呈现”。这种视角下的灾难报道，讲究运用“集体呈现”来肯定集体的精神和力量，弱化个体的作用，导致报道格式化、教条化，缺乏个体关怀与人性温情。此次地震报道中前所未有地关注作为个体的人，通过人性化的画面和文字把对生命的敬畏，对人的尊严，对

① 罗彬：《新闻报道中的人道主义诉求》，载《国际新闻界》2008年第8期。

弱者的悲悯，对生命的礼遇表达得淋漓尽致。人和生命的价值处于至高无上的地位，由于生命被还原为个体，生命的动感、质感更能牵人心动。“绝境中的生命高于一切。一切的恩怨、一切的纷争都应中止，为绝境中的生命让路，这已经是全世界的共识。”① 以往的灾难新闻报道往往是从官方视角展开，报道主旨就是弘扬社会主旋律，重英雄轻平民，漠视弱势灾民群体的生存状态。此次汶川地震报道突破官本位报道，打破了“英雄神化”与“领袖宣传”，灾难背后的人性光辉被充分挖掘，由官方化回归到人性化。《北京晚报》的记者拍下了从地震中逃生的女中学生吴金莉面对废墟上尚存的衣柜镜子梳妆的画面，表达了人们对美好生活的追求，对生、对美的顽强渴望，给人以感动，更给人以力量。特别是英雄人物报道在人物选择上显得开放自由，最平凡的人有机会成为英雄。如张开双臂死死护住4个学生的谭千秋、牺牲后仍紧紧搂住2名学生的张米亚、数次冲入危险的教室救出13个孩子的袁文婷……这种对学生深切的师爱，使这些平凡的教师一夜之间成为让人深深缅怀的英雄，诠释了“英雄是最伟大也是最平凡最可爱”的理念。

① 笑蜀：《绝境中的生命高于一切》，载《南方周末》2008年5月14日（号外）。

人类生存环境存在的风险现在已经成为常态，永远关注灾难中的“人”是新闻传播良好人文素养的体现。人文理念是人性意义的率性流露，应该成为新闻传播者的职业基础。有学者认为：“这次规模化的报道汶川地震，为媒体形成以人为本的职业理念提供了一个契机，促发了新闻工作者人性意识的全面觉醒，以人为本是全社会的共识，这个理念无形中会逐步内化为多数新闻工作者自觉秉持的职业理念。”①

二、坚持新闻传播人文精神是历史发展的趋势

以1978年底召开的党的十一届三中全会为界，中华人民共和国成立前后30年的新闻业发生了巨大的变化，其中最根本的变化是从改革开放前的宣传本位转向改革开放后的新闻信息本位，这种转变满足了人民日益增长的物质文化生活需要，这种转变正是新闻传播人文关怀的体现，也正是这一根本性的变化推动了其他一系列变化。

中华人民共和国成立初期，由于无产阶级初掌政权，新闻传播作为宣传工具更多的是服务于无产阶级专政的意识形态，往往忽视了对个人需要的关注。“文革”时期新

① 陈力丹：《汶川地震报道的特点及对传媒未来的影响》，载《当代传播》2008年第4期。

闻传播被畸形发展为阶级斗争工具，成为政治的附庸，将人的主体性等同于阶级性，丧失了新闻最基本的真实性原则，更谈不上对人性的尊重与关怀。报刊上充斥的是口号、标语，假大空、浮夸风一时弥漫全国。改革开放后新闻事业逐渐恢复正常并蓬勃发展，“新闻与宣传经过长达5年的争论，逐步在学界和业界达成共识：不同媒体虽有不同功能定位，但就整体而言，新闻媒体是以向社会传播信息作为其生存依据，传播信息是新闻媒体的第一功能”。① 新闻传播的信息传播本位得以确认，新闻传播规律得以尊重，从而改变了将新闻事业仅用作政治宣传和党派之争的传统观念，将视点逐渐放到了人的具体需要和全面发展上，对人的尊重和关怀被真正放到了第一位。从发展轨迹来看，体现在从“传者本位”向“受众本位”的过渡。所谓“传者本位”，也就是从传媒出发又回归传媒的传播理念。这一理念强调了传媒所有人、出版人及其背后的阶级、阶层、政党的政治或经济利益，新闻传播要从他们的需要、利益出发，受众的实际状况和现实需要是不会被考虑的。在这种情况下，自然很难说得上对同样作为主体的受众的关怀、尊重和满足。而“受众本位”，则是

① 李良荣：《艰难的转身：从宣传本位到新闻本位——共和国60年新闻媒体》，载《国际新闻界》2009年9月。

从受众的需要和兴趣出发，为广大受众提供全方位的信息服务，又以受众最大的满足为回归。“受众本位”与“传者本位”最大的不同在于，“受众本位“强调必须充分尊重人，深入了解人的需求，尽最大努力去满足人的种种合理需要。这里，必须体现出鲜明的人文精神，体现出人文的存在和人文精神的力量。受众意识真正体现了媒体人文关怀意识的增强，“人文关怀”在新闻传播中越来越受到重视。2008年6月20日，胡锦涛在考察人民日报社工作时指出：“必须坚持以人为本，增强新闻报道的亲和力、吸引力、感染力。坚持以人为本，是做好新闻宣传工作的根本要求。要坚持把实现好、维护好、发展好最广大人民的根本利益作为新闻宣传工作的出发点和落脚点，坚持贴近实际、贴近生活、贴近群众，把体现党的主张和反映人民心声统一起来，把坚持正确的导向和通达社情民意统一起来，尊重人民主体地位，发挥人民首创精神，保证人民的知情权、参与权、表达权和监督权。”① 从“驯服工具”到“以人为本”的认知历程，不仅是我国新闻事业性质认识上的一个飞跃，也是中国新闻制度乃至经济社会制度变革推动新闻事业发展的结果。

---

① 胡锦涛：《在人民日报社考察工作时的讲话》，载《新闻战线》2008年第7期。

“作为精神活动的新闻传播，其最根本、最动人之处，在于它在传播信息的同时，对生命的尊严、对人的幸福的热切关怀——它把新闻传播的阐释立场坚定地确认为“人是目的”，它把新闻传播的根本价值定格在‘以人为本’。”① 新闻传播是伴随着人类生存发展需要而产生的，新闻传播活动的本质是人的活动，人是新闻传播的中心，新闻传播的最终目的是为现实的人服务，其根源和本质是人文的。在新闻传播活动中弘扬人的主体地位，尊重人的价值，肯定符合人的本质的生活，始终围绕人及人的命运来衡量事实的价值和新闻的意义，彰显人文关怀精神是新闻传播的本质要求，也是新闻传播历史发展的趋势。这种趋势在目前的新闻实践中还没有完全普遍发生，但从社会生活的结构性变化以及新闻业自身的革新中不难看出，这种趋势是有生命力的，它代表将来新闻观念的发展方向。

第五节　目前我国新闻传播中人文关怀精神的不足及对策

改革开放以来，我国新闻传播经过30年的发展，新

① 孙德宏：《思想解放：新闻传播必须以人为本》，载《新闻传播与研究》2009年第1期。

闻报道的人本意识、人本理念被大多数新闻从业者所认同，当代传媒不论是出于对社会的责任还是对自身的生存考虑，都自觉自愿地在传播中注入人文关怀，并在实践中已经取得了一定的进步。现实也表明当代传媒的确是对受众有了重新认识和重视，但客观地讲，传媒对受众现有的人文关怀与受众所需的人文关怀相比是相当微薄的，尽管它关注弱势群体，关心普通民众的生存状态，关注个体价值的实现。但不可否认的是，当代新闻传播对人文关怀的表达不很充分也不深刻。其主要原因在于传媒自我定位存在一个悖论，一方面在理论上自恃是大众的引导者和教育者，另一方面在实践上却徘徊于颐指气使的钦差大臣和亦步亦趋、满脸堆笑的服务生之间。实际上这个悖论产生的根源是传媒心态浮躁，急功近利，对人文关怀精神缺乏理性而深刻的思考，由此造成新闻理念的偏颇和肤浅。只有当传媒以真正的人文精神即科学而理性的人文关怀精神为复归和基点时，才会正确地自我定位，才会具有最大的说服力与震慑力，也才能最成功地完成引导和监督的责任。因此，把当代传播中人文关怀精神放在批判的视野中进行反思，指出其存在的不足并提出相应的对策，是不容回避的紧迫问题。

一、我国新闻媒介在新闻传播活动中人文关怀精神的不足

（一）新闻传媒在注入人文精神、"凸显人"的过程中，走向了极端

在相当长的一段时间内，我国新闻媒体的政治功能被不适当地放大，在意识深层支撑媒体新闻观的是"政治为体，新闻为用"的传者本位宣传模式，党政意志、媒介意见是媒体关注的主流，传媒所有人、出版人及其背后的阶级、阶层、政党的政治或经济利益是媒介活动的出发点。受众处于缺席地位，他们的生存状态、生活需求、精神处境往往被忽视，新闻传播脱离实际，脱离群众，程式化、片面化，报道面狭窄，不能全面真实反映国家政治、经济、文化建设的情况。改革开放以来，这种非正常状况得到了很大的扭转。然而，近年来又出现了矫枉过正的新问题。在市场利益的趋势下，在传播中大量运用视觉新闻，极尽渲染血腥、暴力事件，强烈刺激人的感官，一些媒体将炒作、卖点、收视率等作为第一追求，走向媚俗化、庸俗化，极力迎合受众不合理的、不健康的需求，对社会造成不良影响。这种"不得不为了金钱而进行的精

神活动，会使人感受到对完整的人的本质的否定”。① 这种传播是将受众仅仅看做自然的人、本能的人，对大众缺乏情感的疏导和理性的提升，显然这是对人的简单理解，是对人的主体性的忽视，是有悖于人文精神的。

（二）过度渲染物质享受

富裕的生活是人人向往的，但要注重通过正确的途径以及精神层面素养的同时提高，才能实现。在当下的新闻实践中，媒体在宣传成功人士时，对他们成功之前的努力过程和方法还表现得不够，尤其在电视娱乐节目中，往往过多地渲染他们富有、风光的一面，而他们通往成功之路的艰辛却很少涉及。有些媒体在资本利益的驱使下，大肆宣扬高消费，宣扬物质享乐，通过画面、话语和情景设置，把名车豪宅、新潮靓妆、旅游度假、豪华晚餐等像潮水般推到受众面前，它们与资本合谋，在利益的诱惑下，赋予某种产品某种指向、情调，蕴含某种意义，于是能指漂浮，符号膨胀，消费者怀着自恋的情结，怀着丑小鸭变白天鹅的梦想，明知已跌入消费陷阱又难以自拔。社会主义承认物质动机的存在，是“使物质上的满足成为实现

① 陈力丹：《精神交往论——马克思恩格斯的传播观》，中国人民大学出版社 2008 年版，第 49 页。

人生真正目的的手段”。① 而“消费决不能成为人自身的目的，必须阻止所有为了取得利润而人为地刺激人的物质需要的企图，物质资源的浪费和愚蠢地为消费而消费的观念，是有损于人的成熟发展的”。② 在消费主义的控制下，人被异化成了“消费人”，人的意义被“其所有物的意义所取代，最终导致我们拥有所有的财富，然而我们是贫乏的。因为我们所有很多，而所是很少”。③

（三）把人文关怀仅理解为对弱势群体的同情

随着全社会对弱势群体的不断关注，新闻报道的关怀眼光开始投向弱势群体，如下岗工人、漂泊在城市的打工者、山区青年、残障青年等，这契合了人们的情感需求，可以唤起人类的道德良知，使受众由好奇而生发同情心和责任感，由此显现新闻报道的人文价值。然而真正人文关怀的关怀对象是“苍生大众”，是社会中所有个体，它体现为对每个人的尊重和关怀，对每一个人的生存状态的平

① ［美］埃里希·弗洛姆：《人的呼唤——弗洛姆人道主义文集》，王泽应、刘莉、雷希译，上海三联书店 1991 年版，第 93 ~ 94 页。

② ［美］埃里希·弗洛姆：《人的呼唤——弗洛姆人道主义文集》，王泽应、刘莉、雷希译，上海三联书店 1991 年版，第 117 页。

③ ［美］埃里希·弗洛姆：《人的呼唤——弗洛姆人道主义文集》，王泽应、刘莉、雷希译，上海三联书店 1991 年版，第 86 页。

等体味和理性思考，并不是一提到关怀的对象就想起贫穷和落泊、伤感和同情。当然这并不是对新闻传播弱势群体报道的否定，新闻传播关注弱势群体本来就是人文关怀的体现。只是说，我们应该从更广泛的意义上来理解人文关怀。真正的人文关怀不是一般意义上的关爱和善意的表达，不是抽象的、空洞的泛爱精神，也不仅仅是眼泪和同情，而是从平等的角度关注所有人，当然也包括“富人”，作为人，他们也具有一般人的需要、欲望，他们也有痛苦、挫折，同样也需要人文关怀。真正的人文关怀所揭示的是人的内在精神、品格、信念、理想和尊严，弘扬的是蕴于其中的质朴、坚韧、善良和互助，这些正是人文关怀所坚守的人本身的真、善、美。

（四）对灾难性新闻的不当采访和报道

灾难性新闻报道事关人民群众的生命财产安全，相对而言具有较高的受关注程度，因而也具有较大的新闻价值。灾难一旦发生，往往都带有很强的悲剧色彩。当事人及其亲属在这段特定时期心理非常脆弱，特别需要社会的同情和帮助。而有些媒体在采访报道时，显得有些随意和草率，这主要表现为下面两种情况：一是采访缺乏人道，人为地将悲痛放大；二是报道视角有漠视生命的倾向。对此本书第三章有详细叙述，这里就不再赘述了。

二、提升我国新闻传播人文关怀精神的对策

目前我国新闻传播中人文关怀精神缺失的情况已引起学术界的重视和关注，一些研究者在分析原因的基础上，提出了一些解决之道，如改革体制上某些不合理制度、提高新闻从业者的素质、引导受众对新闻的合理需要等，本书主要是从人性角度来谈如何提升新闻报道的人文关怀精神。

人文关怀精神的核心就是以人为本，而要真正做到尊重人、关心人、理解人、以人为本，前提是对人性有完整、清醒的认识和把握。对人性的理解始终影响着新闻传播的全过程。人类从进化初期到其后的阶级社会，由于生产力的低下导致物质匮乏，人们更多的是追求精神上的满足。神学控制了人们的思想，人性在某种程度上受到压制，新闻传播也成为思想压制的工具。发展到近代，人的主体性已逐渐确立和凸显，人的利益、价值、需要得以尊重，人性逐步走向复归，新闻传播也越来越注重人性化。随着对人性认识的深入，非理性主义的张扬，主体性原则产生动摇，尤其是西方发达国家，新闻传播的定位又开始

注重承担社会责任和加强引导。

有学者提出，人文关怀要想不走向反面，就必须处理好人性中生物性（物欲）与社会性（精神）的关系、社会性中个体性与群体性的关系。人文关怀的着眼点应该放在人的完整性上，首先，要关怀人的生物性并将它保持在适度的范围；其次，要关怀人的群体性并保持好权利和义务的平等关系；再次，要关怀个体性并把握好自由与纪律的自由度。人性存在于每个人身上，人性的问题确实是一个极为复杂的问题。①“从文化史的演进情况看，人文关怀总难摆脱‘关怀—失落’，‘复归—异化’的怪圈，这其中的缘由恐怕是因为人们对人自身亦即人性的不同看法和偏重。人有精神，不同于其他生物；但人有肉体，又不能摆脱生物性。这就使得人文关怀总在人的精神和人的肉体间摇摆不定，形成怪圈。”②

人的本质规定性包括自然性和社会性，有自身的物质需要和精神需求，自然性强调人的物质欲求的合理性和人对世俗生活的享受，作为处于一定社会关系中的活生生的人，更重要的是在于其社会性，社会性是人的本质属性。

① 陈仲庚：《人文关怀·人性异化·人性定位》，载《零陵师范高等专科学院学报》2000年第4期。

② 陈仲庚：《人文关怀·人性异化·人性定位》，载《零陵师范高等专科学院学报》2000年第4期。

这就决定了人必然会有理性和感性的矛盾、物质欲望和精神追求的矛盾、个人与他人及与周围环境的矛盾，任何人都是种种矛盾的统一体。因此当代传媒要全面地看待人，要从人的本质规定性出发，实现对人的理智和情感、理性和非理性的全面尊重。在新闻报道中不能回避人性的真实，既要以真情颂扬人性的美好，也不能回避人性深处的脆弱，真实客观地把外部世界呈现给受众，倡导回归人类真善美，树立起健康积极的社会观念体系，促进人的全面发展。对“人”的需求也要有准确的把握，不仅要关注物质层面的“人”，更应关注精神层面，做到物质与精神层面的双重关怀，人的价值的真正实现是以能动地创造社会的物质财富和精神财富并以自己得到物质和精神的双重满足而达到的。在社会主义市场经济条件下，物质本性的过度膨胀，人性片面畸形地发展仍普遍存在，大多数人对自己以及人性的认识还是基于对财富的追求上，其主要表现是劳动的异化和社会关系的某些物化。在现阶段，对新闻传播工具的过度依赖，对金钱、对财富的崇拜，对高科技的欣赏，所有这些，本质上是服务于人的外在的东西，反过来成为支配新闻人行为导向的工具，使得人不得不从属于不以人的意志为转移的、物化的种种社会关系。在职业活动中，新闻人自身成为职业异化的结果。这些异化必然会影响他们的新闻传播观，并进而影响他们的职业实践生涯，影响他们在新闻传播活动中是关怀人还是更关注物的选择。

参 考 文 献

著作类：

1. 蔡雯：《新闻报道策划与新闻资源开发》，中国人民大学出版社，2004。

2. 陈力丹：《解析中国新闻传播学》，上海交通大学出版社，2006。

3. 陈力丹：《精神交往论——马克思恩格斯的传播观》，中国人民大学出版社，2007。

4. 陈力丹：《新闻理论十讲》，复旦大学出版社，2008。

5. 陈卫星：《传播的观念》，人民出版社，2004。

6. 陈绚：《新闻道德与法规教程》，中国大百科全书出版社，2005。

7. 戴元光：《传播道德论》，上海大学出版社，2000。

8. 邓名瑛：《传播与伦理》，湖南师范大学出版社，2007。

9. 杜骏飞：《公开时刻：汶川地震的传播学遗产》，浙江大学出版社，2009。

10. 樊浩：《中国伦理精神的历史建构》，江苏人民出版社，1993。

11. 郭庆光：《传播学教程》，中国人民大学出版社，1999。

12. 胡林英：《道德内化论》，社会科学文献出版社，2007。

13. 胡兴荣：《新闻哲学》，新华出版社，2004。

14. 黄旦：《传者图像：新闻专业主义的建构与消解》，复旦大学出版社，2005。

15. 黄旦：《新闻传播学》，浙江大学出版社，1997。

16. 兰久富：《社会转型时期的价值观念》，北京师范大学出版社，1999。

17. 郎劲松：《中国新闻政策体系研究》，新华出版社，2003。

18. 李彬：《传播学引论》（增补版），新华出版社，2003。

19. 李德顺、孙伟平：《道德价值论》，云南人民出版社，2005。

20. 李德顺：《价值论》，中国人民大学出版社，1997。

21. 李钢：《社会转型代价论》，山西教育出版社，1999。

22. 李良荣：《当代西方新闻媒体》，复旦大学出版社，2004。

23. 李瞻：《新闻道德》，台湾三民书局，1988。

24. 厉以宁：《转型发展理论》，同心出版社，1996。

25. 刘海龙：《大众传播理论：范式与流派》，中国人民大学出版社，2008。

26. 刘建明：《宏观新闻学》，中国人民大学出版社，1991。

27. 刘建明：《新闻学前沿》，清华大学出版社，2005。

28. 陆扬、王毅：《大众文化与传媒》，上海三联书店，2000。

29. 彭柏林：《道德需要论》，上海三联书店，2007。

30. 沈亚平：《社会秩序及其转型研究》，河北大学出版社，2002。

31. 孙立平：《断裂——20 世纪 90 年代以来的中国社

会》，社会科学文献出版社，2003。

32. 孙立平：《守卫底线》，社会科学文献出版社，2007。

33. 孙立平：《转型与断裂：改革以来中国社会结构的变迁》，清华大学出版社，2004。

34. 孙旭培：《当代中国新闻改革》，人民出版社，2004。

35. 唐续军：《报业经济与报业经营》，新华出版社，1999。

36. 田海平：《西方伦理精神——从古希腊到康德时代》，东南大学出版社，1998。

37. 童兵：《中西新闻比较论纲》，新华出版社，2004。

38. 王海明：《伦理学方法》，商务印书馆，2003。

39. 王海明：《人性论》，商务印书馆，2005。

40. 王晓明：《人文精神寻思录》，文汇出版社，1996。

41. 魏永征：《新闻传播法教程》，中国人民大学出版社，2002。

42. 吴灿新：《中国伦理精神》，广东人民出版社，2007。

43. 吴飞：《传媒批判力》，中国传媒大学出版社，2005。

44. 武斌：《现代中国人——从过去走向未来》，辽宁大学出版社，1991。

45. 夏赞忠：《精神生产概论》，湖南出版社，1991。

46. 夏甄陶：《人是什么》，商务印书馆，2000。

47. 徐宝璜：《新闻学》，中国人民大学出版社，1994。

48. 徐迅：《中国新闻侵权纠纷的第四次浪潮：一名记者眼中的新闻法制与道德》，中国海关出版社，2002。

49. 杨保军：《新闻活动论》，中国人民大学出版社，2006。

50. 杨保军：《新闻价值论》，中国人民大学出版社，2003。

51. 杨保军：《新闻精神论》，中国人民大学出版社，2007。

52. 杨保军：《新闻理论教程》，中国人民大学出版社，2005。

53. 杨保军：《新闻真实论》，中国人民大学出版社，2006。

54. 于文杰：《现代化进程中的人文主义》，华夏出版社，2006。

55. 喻国明：《嬗变的轨迹》，中央编译出版社，1996。

56. 袁方等：《中国社会结构转型》，中国社会出版社，1998。

57. 张国良：《新闻媒介与社会》，上海人民出版社，2001。

58. 赵汀阳：《论可能生活——一种关于幸福和公正的理论》（修订版），中国人民大学出版社，2004。

59. 郑保卫：《当代新闻理论》，新华出版社，2003。

60. 郑杭生、贾春增、沙莲香：《社会学概论新编》，中国人民大学出版社，1987。

61. 周辅成：《西方伦理学名著选辑》上卷，商务印书馆，1987。

62. ［美］约翰·罗尔斯：《正义论》，何怀宏等译，中国社会科学出版社，1988。

63. ［美］尼尔·波兹曼：《娱乐至死》，章艳译，广西师范大学出版社，2004。

64. ［美］威尔伯·施拉姆、威廉·波特：《大众传播学总论》，陈亮等译，新华出版社，1984。

65. ［美］利昂·纳尔逊·弗林特：《报纸的良知：

新闻事业的原则和问题案例讲义》，肃严译，中国人民大学出版社，2004。

66. [奥地利] 哈耶克：《自由秩序原理》，邓正来译，三联出版社，1997。

67. [美] 哈贝马斯：《公共领域的结构转型》，曹卫东等译，学林出版社，1999。

68. [美] 哈贝马斯：《交往行动理论》，洪佩郁等译，重庆出版社，1994。

69. [意] 丹瑞欧·康波斯塔：《道德哲学与社会伦理》，李磊等译，黑龙江人民出版社，2005。

70. [英] 尼克·史蒂文森：《媒介的转型——全球化、道德和伦理》，顾宜凡等译，北京大学出版社，2006。

71. [美] 马克斯韦尔·麦库姆斯：《议程设置——大众媒介与舆论》，郭镇之、徐培喜译，北京大学出版社，2008。

72. [法] 加布里埃尔·塔尔德：《传播与社会影响》，何道宽译，中国人民大学出版社，2005。

73. [法] 古斯塔夫·勒庞：《乌合之众——大众心理研究》，冯克利译，广西师范大学出版社，2007。

74. [美] 菲利普·帕特森、李·威尔金斯：《媒介伦理学》，李青藜译，中国人民大学出版社，2006。

75. ［美］安德斯·汉森等：《大众传播研究方法》，崔保国等译，新华出版社，2004。

76. ［美］保罗·利文森：《软边缘——信息革命的历史与未来》，熊澄宇译，清华大学出版社，2002。

77. ［美］拉里·A. 萨默瓦等：《文化模式与传播方式——跨文化交流文集》，麻争旗等译，北京广播学院出版社，2003。

78. ［英］斯图尔特·霍尔：《表征——文化表象与意指实践》，徐亮、陆光华译，商务印书馆，2003。

79. ［美］约翰·费斯克等：《关键概念——传播与文化研究辞典》，李彬译，新华出版社，2004。

80. ［美］拉蒙特：《人道主义哲学》，贾高建等译，华夏出版社，1990。

81. 美国新闻自由委员会：《一个自由而负责任的新闻界》，展江等译，中国人民大学出版社，2004。

82. ［美］威尔伯·施拉姆：《大众传播的责任》，程之行译，台湾远流出版社，1992。

83. ［美］阿拉斯代尔·麦金太尔：《德性之后》，龚群译，中国社会科学出版社，1995。

84. ［美］麦尔文·曼切尔：《新闻报道与写作》(第

9版），展江译，华夏出版社，2003。

85.［美］迈克尔·舒特森：《探索新闻：美国报业社会史》，何颖怡译，远流出版事业股份有限公司，1993。

86.［美］马斯洛：《动机与人格》，许金声等译，华夏出版社，1987。

87.［美］马斯洛等：《人的潜能和价值》，林方译，华夏出版社，1987。

88.［美］沃尔特·李普曼：《公众舆论》，阎克文、江红译，上海人民出版社，2002。

89.［英］安东尼·吉登斯：《社会学》(第4版)，赵旭乐等译，北京大学出版社，2003。

90.［法］贝尔纳·瓦耶纳：《当代新闻学》，丁雪英、连燕堂译，新华出版社，1986。

91.［法］埃尔·布尔迪厄：《关于电视》，许钧译，辽宁教育出版社，2000。

92. Altheide，D. L&snow，R. P，*Media Worlds in the Postjournalism Era*，New York：Aldine de Gruyter，1991.

93. Breed：W.，Social Control in the News Room. in Schramm，W.（ed），*Mass Communications*，Urbana：University of Illinois Press，1960.

94. Pamela J. Shoemaker and Stephen D. Reese: Mediating the Message: *Theories of Influences on Mass Media Content*. White Plains, N. Y. : Longman, 1996.

95. Joseph, J, *Social Theory and Postcommunism.* Capital & Class. London. Autumn, 2006.

论文类:

1. 陈力丹:《抗震救灾中的采访应遵循“减小伤害”原则》，载《新闻记者》2008 年第 6 期。

2. 陈力丹:《论 60 年来我国新闻报道方式的演变》，载《国际新闻界》2009 年第 9 期。

3. 陈力丹:《汶川地震报道特点及对传媒未来影响》，载《当代传播》2008 年第 4 期。

4. 陈力丹:《新闻工作者需要尊重生命、敬畏生命》，载《新闻与写作》2007 年第 12 期。

5. 陈力丹:《新中国成立 60 年来典型报道演变的环境与理念》，载《当代传播》2009 年第 5 期。

6. 陈勇:《娱乐节目的社会责任》，载《新闻前哨》，2005 年第 11 期。

7. 单波:《论二十世纪中国新闻业和中国新闻观念的发展》，载《现代传播》2001 年第 4 期。

8. 丁柏栓：《新闻工作与“以人为本”》，载《新闻与传播研究》2005年第1期。

9. 董天策、蔡慧：《我国灾难新闻报道模式的转变与突破——以汶川地震报道为例》，载《江南社会学院学报》2009年第12期。

10. 董天策：《新闻的真实性是什么——兼论新闻理论体系的科学性》，载《新闻与传播研究》2004年第3期。

11. 范敬宜：《谈谈新闻工作者的社会责任》（上、下），载《新闻实践》2004年第2、3期。

12. 高晓林、夏洪海：《论科学发展观提出的客观依据和时代背景》，载《社会主义研究》2005年第1期。

13. 黄旦：《对大众媒介社会定位的探寻——兼论大众传播研究的社会学框架》，载《国际新闻界》1997年第3期。

14. 解丽霞：《近二十年来的人文精神研究》，载《华南理工大学学报》2006年第12期。

15. 景志刚：《新闻职业道德与新闻专业主义》，载《当代传播》2004年第4期。

16. 景志刚：《我们改变了什么？——〈南京零距离〉及其民生新闻》，载《视听界》2004年第1期。

17. 李大敏:《浅议人文关怀与新闻媒体的责任》,载《新闻知识》2008 年第 11 期。

18. 李德顺:《以人为本的价值观》,载《哲学动态》2004 年第 7 期。

19. 李良荣:《艰难的转身:从宣传本位到新闻本位——共和国 60 年新闻媒体》,载《国际新闻界》2009 年第 9 期。

20. 李宁源:《一名新记者的困惑》,载《新闻记者》2004 年 12 月。

21. 李祥:《新闻真实性与媒体的责任》,载《新闻爱好者》2004 年第 12 期。

22. 梁衡:《一个记者的责任与成功》,载《当代传播》2007 年第 1 期。

23. 林新:《以"人学"思想—传播社会和谐之声——新闻的人文内涵初探》,载《新闻记者》2008 年第 3 期。

24. 刘大勇:《浅谈当前新闻传媒"人文关怀"的体现》,载《现代传播》2000 年第 5 期。

25. 刘晓军:《论新闻的人文主义精神》,载《现代传播》2007 年第 3 期。

26. 陆晔、潘忠党:《成名的想象:社会转型过程中新闻从业者的专业主义话语建构》，载（台湾）《新闻学研究》第71期（2002年4月）。

27. 罗以澄、侯迎忠：《新闻记者的角色冲突与道德失范——兼论记者的职业责任与社会责任》，载《武汉大学学报》（人文社会科学版）2006年第2期。

28. 罗以澄、詹绪武：《转型期新闻道德问题的制度环境分析》，载《现代传播》2005年第1期。

29. 彭菊华、周佩玲：《三十年新闻观念的变迁：历程、成果与特点》，载《求索》2008年第12期。

30. 商娜红：《"报刊的伦理精神"：另一种透视视角》，载《新闻界》2005年第4期。

31. 沈正赋：《新闻记者的职业精神》，载《当代传播》2003年第5期。

32. 史建中、侯尧杉：《议程设置与媒介的责任》，载《社会科学论坛》2006年第9期。

33. 孙德宏：《思想解放：新闻传播必须以人为本》，载《新闻与传播研究》2009年第1期。

34. 谭诚训：《媒体的道德责任》，载《当代传播》2007年第1期。

35. 唐远清：《"慈善"名义下的"舆论绑架"——2006年媒体点名向公众人物募捐报道的反思》，载《新闻记者》2007 年 3 月。

36. 童兵：《科学和人文的新闻观》，载《新闻大学》2001 年第 2 期。

37. 童兵：《试析新闻事业人民属性六十年认知历程》，载《国际新闻界》2009 年第 9 期。

38. 卫夙瑾：《大众传播的话语权》，载《新闻与传播研究》2004 年第 2 期。

39. 魏永征：《杨丽娟名誉权案与知情权》，载《国际新闻界》2009 年第 10 期。

40. 吴飞：《现代传媒、后现代生活与新闻娱乐化》，载《浙江大学学报》(人文社会科学版）2002 年第 5 期。

41. 吴元栋：《论新闻媒体的人文精神》，载《新闻大学》2002 年春。

42. 武中哲：《论社会转型时期大众传播媒介的社会责任》，载《山东省青年管理干部学院学报》2006 年第 2 期。

43. 燕道成：《论传媒的道德责任》，载《当代传播》2009 年第 3 期。

44. 杨保军：《当代世界新闻业与中国新闻业总体特征分析》，载《浙江工商大学学报》2009 年第 1 期。

45. 杨保军：《简论新闻精神对新闻制度建设的作用》，载《国际新闻界》2007 年第 2 期。

46. 曾响：《论汶川地震报道中媒体的议程设置》，载《新闻爱好者》2008年7月。

47. 展江：《哈贝马斯的“公共领域”理论与传媒》，载《中国青年政治学院学报》2002年第2期。

48. 张昆、陈勇：《在新闻传播中践行“以人为本”的原则》，载《国际新闻界》2008年第7期。

49. 郑保卫：《简论新闻记者职业精神与职业道德建设》，载《新闻战线》2004年第5期。

50. 郑保卫：《权力·责任·道德·法律——兼论新闻媒体的属性、职能及行为规范》，载《国际新闻界》2005年第4期。

51. 郑保卫：《事业性、产业性——转型期中国传媒业双重属性解读》，载《今传媒》2006年第8期。

52. 周春霞：《论农村弱势群体的媒介话语权》，载《安徽大学学报》2005年第5期。

53. 朱红霞：《近20年来我国新闻报道与人文关怀研究综述》，载《新闻爱好者》2009年2月。

54. 朱力：《起步中的中国慈善事业》，载《南京社会科学》2000年第12期。

55. 朱清河：《论传媒公共性及其实现途径》，载《现代传播》2008年第4期。